AF452694

RÉPONSE

POUR dame Julie de Villeneuve de Vence, épouse de M. le Président de Saint-Vincent ;

CONTRE M. le Maréchal Duc de Richelieu, Pair de France.

IOLER ses promesses, trahir ses engagements, désavouer ses lettres, méconnoître sa signature, tel est, pour M. le Maréchal de Richelieu, le fond de son procès. Surprendre l'autorité, enlever des pieces justificatives, accuser des témoins, acheter des dépositions, telle en est la forme. Du bruit, de l'intrigue, des mensonges, des calomnies, des sophismes, des libelles, telles en sont les ressources. Il fut un tems où peut-être un succès juridique eût couronné toutes ces horreurs ; mais la Justice est revenue habiter parmi nous, & le sort de cet odieux procès ne peut plus être que la proscription la plus sévere.

FAITS.

Madame de Saint-Vincent avoit en son pouvoir douze billets au porteur de sommes différentes & à diverses échéances, souscrits du nom de M. le Maréchal de Richelieu ; elle livre

A

(11)

à la négociation quelques-uns de ces billets. M. le Maréchal obtient une lettre de cachet, & Madame de Saint-Vincent est renfermée à la Bastille.

Bientôt elle sort de ce séjour redoutable, mais elle est tenue en chartre privée & gardée à vue dans son appartement par les valets de la Police.

Si elle échappe un instant à leurs mains barbares, ce n'est que pour retomber dans celles d'un Juge. . . . La suite de ce Mémoire le fera connoître. Un décret de prise de corps la précipite, aux risques, péril & fortune de M. le Maréchal, dans les prisons du Grand Châtelet.

La Cour des Pairs se trouve ensuite saisie de cette affaire, & Madame de Saint-Vincent est transférée à la Conciergerie.

Plongée depuis dix-huit mois dans les horreurs de la captivité, traînée de son Couvent à la Bastille, de la Bastille en chartre privée, de la chartre privée au Châtelet, du Châtelet à la Conciergerie ; quel crime énorme a donc commis Madame de Saint-Vincent ?

« Elle a commis un faux atroce, répond M. le Maréchal ; » elle a fait des billets faux, des lettres fausses, des faux de » toute espèce, & je la dénonce à la Justice comme la plus » adroite & la plus vile des faussaires ».

Cette accusation est grave sans doute ; mais plus elle est grave, plus elle a besoin d'être appuyée sur des preuves certaines. Personne n'ignore que l'on ne peut intenter d'accusation, à moins qu'on ne soit en état d'en administrer la preuve. Qui est-ce qui est à l'abri d'une plainte & d'une calomnie ? mais la raison & la loi ne reconnoissent pour coupables que ceux dont le crime est démontré, & la Justice a soin de dédommager l'infortuné qui fut la victime d'une accusation fausse, autant que

de punir le téméraire qui ofa la hafarder fans titre & fans caufe.
Il faut donc, puifque M. le Maréchal de Richelieu impute un
délit à Madame de Saint-Vincent, qu'il établiffe, fur des preuves
inconteftables, qu'elle a commis ce délit : il faut donc, puifqu'il l'accufe du crime de faux, qu'il la convainque d'avoir
commis ce crime de faux : c'eft une obligation à laquelle rien
ne peut le fouftraire, & qu'il avoue lui-même. * *M. le Maréchal de Richelieu*, dit-il, *en dénonçant à la Juftice le crime dont
il accufe Madame de Saint-Vincent, a contracté l'obligation de
l'en convaincre.*

    ** Page pre-miere de fon Mémoire.*

    Comment M. le Maréchal effaie-t il de remplir cette obli-
gation? Ses preuves font de deux fortes : * Les unes qu'il
appelle phyfiques, les autres qu'il appelle morales; & les unes
& les autres, fi on veut l'en croire, font terribles contre Madame de Saint-Vincent, & portent jufqu'à l'évidence la démonftration de fon crime.

    ** Page 92.*

    Ne nous laiffons pas effrayer par ce ton tranchant & abfolu ;
fuivons fans crainte M. le Maréchal dans la double carriere
qu'il nous a tracée; examinons fes preuves phyfiques ; examinons fes preuves morales : il eft temps de les apprécier & de
les réduire enfin à leur jufte valeur.

PREUVES PHYSIQUES.

    « Les preuves phyfiques, dit M. le Maréchal, font celles
» qui réfultent de l'infpection même des pieces, & principale-
» ment de la vérification des écritures, faite par Experts fur
» pieces de comparaifon. Ce genre de preuves, que la nature
» particuliere du crime de faux a fait admettre, * continue-t-il,
» eft textuellement indiqué par l'Ordonnance, & il peut fuffire
» pour prouver un faux . . . . Le concours des autres preuves

    ** Pages 89, 90, 91 & fui-vantes.*

4

» n'eſt point néceſſaire . . . . . leur réunion eſt ſouvent impoſ-
» ſible. Le Juge peut ſe réduire au ſeul témoignage des Ex-
» perts. Quand ce témoignage eſt uniforme , il peut être la
» baſe d'un Jugement; lui ſeul opere une condamnation ».

Quel odieux ſyſtême! quelle affreuſe morale! quoi! la fortune,
la liberté , la vie & l'honneur des hommes , dépendroient des
calculs d'un art conjectural , & des opérations d'une ſcience
problématique & vaine! quoi! des opinions, des incertitudes ,
des doutes , pourroient ſervir de baſe à une condamnation
légale; & un citoyen ſeroit déclaré fauſſaire, uniquement parce
que des Experts ignorans ou de mauvaiſe foi, auroient *penſé* ,
auroient *préſumé* que telle eſt ou que telle n'eſt pas ſon écriture ? Où donc M. le Maréchal a-t-il puiſé de ſemblables principes ? Qu'il conſulte l'Ordonnance ; il y verra * que, ſur la
plainte en faux principal, il ſera informé des faits portés en la-
dite plainte, *& ce, tant par titres que témoins, comme auſſi
par Experts.* Ce texte eſt aſſez clair , & n'a pas beſoin de commentaire. Il ſera informé *par titres*; il ſera informé *par témoins :*
les dépoſitions des Experts ne ſuffiſent donc pas ?

Quand l'Ordonnance ajoute. *Lorſque le Juge n'aura pas
ordonné en même-temps ces différens genres de preuves, il pourra
y être ſuppléé, s'il y échet, par un Jugement poſtérieur.* * Cette
modification, *s'il y échet,* ne ſignifie point qu'il eſt des cas où
les dépoſitions des Experts peuvent ſuffire, mais ſeulement
qu'il en eſt où elles ne ſont pas néceſſaires. Il ne faut, pour
s'en convaincre, que faire attention à l'ordre dans lequel l'Ordonnance range les moyens qu'elle indique. Il ſera, informé
d'abord *par titres, & par témoins.* Si vos titres & vos témoins
portent le flambeau de la vérité dans la queſtion qui vous eſt
ſoumiſe, jugez-la, & diſpenſez-vous de conſulter des Experts :
mais ſi ces titres & ces témoins ne vous donnent point les lu-

5

mieres néceffaires, pour que vous puiffiez y affeoir un Jugement; alors raffemblez des preuves d'un autre genre; nommez
des Experts,& ordonnez une vérification d'écriture;*comme auffi
par Experts enfemble, par comparaifon d'écriture ou fignature.*
Voilà la marche & la regle invariable, prefcrite par l'Ordonnance. Comment M. le Maréchal peut-il en conclure * qu'elle
annonce clairement que le rapport des Experts peut faire preuve
lui feul? N'en doit-on pas conclure plutôt qu'elle regarde cette
efpèce de preuve comme le dernier moyen auquel le Juge doit
avoir recours?

* Page 89 de fon Mé-moire.

Les Loix font d'accord, à ce fujet, avec l'Ordonnance.
Juftinien, dans la Novelle 73, dit que les Empereurs avoient
d'abord admis la preuve de la vérification des écritures, mais
que bientôt ils furent obligés de la rejetter; que cette digue
qu'ils avoient cru oppofer à la mauvaife foi, n'avoit fervi qu'à
enhardir les fauffaires; qu'il étoit provenu de-là un nombre infini de fauffetés, dont lui-même avoit été témoin; enfin ,
ajoute ce fage Empereur, c'eft un argument qui nous a mille
& mille fois trompé; & nous ne faurions nous y rapporter ,
tant que nous ne verrons pas de meilleures preuves.

D'autres Loix s'expriment ainfi. La comparaifon des écritures n'eft pas une preuve digne de foi, lorfqu'elle eft feule.
Comparatio litterarum fola non probat. Nous n'y ajoutons pas
foi, fi elle n'eft pas confirmée par témoins , *neque illis fi teftibus
deftituta fint, fidem habeamus.* Elle ne prouve rien elle feule ;
il faut d'autres moyens encore : *nudis eis non creditur; non creditur foli comparationi litterarum , fine alio argumento.* Ces Loix
& beaucoup d'autres, font rapportées par M. le Vayer, dans
fon Traité fur la preuve réfultante de la vérification des écritures. (1) Il cite, à l'appui de ces Loix, le fentiment de tous

____

(1) *Nota.* Voyez cet excellent Traité de M. le Vayer. Voyez auffi un Mémoire

les Auteurs célebres qui ont écrit fur cette matiere. Mais contentons-nous, pour derniere autorité, d'oppofer à M. le Maréchal, celle du Tribunal même qu'il a pour Juge. *La plus grande force que l'on puiffe attribuer à la comparaifon d'écriture, lorfque les Experts font uniformes, c'eft de completter des preuves déja commencées; mais perfonne n'a jamais dit qu'elle puiffe feule opérer la conviction*(1). M. le Maréchal voudra bien fe rappeller à quelle époque, dans quelles circonftances, pour quel procès, furent faites les remontrances d'où font extraites des vérités fi contraires au fyftême qu'il défend encore aujourd'hui.

Et à quoi ne ferions-nous pas expofés, fi ce fyftême étoit reçu dans les Tribunaux? De combien d'erreurs, de combien de faux jugemens, de combien d'injuftices ne feroit-il pas le prétexte & la caufe? Chaque jour les Experts reconnoiffent pour vraies des pieces qui font fauffes; pour fauffes des pieces qui font vraies, & ils ne nous débitent de leur ton fcientifique, que des abfurdités & des menfonges. Un particulier d'Arménie, dit Juftinien, *Novelle 73*, produifoit en Juftice un contrat d'échange. Ce contrat fut argué de faux. On entendit des Experts; ils examinerent, vérifierent, comparerent. La difparité des écritures leur parut frappante, & ils déciderent que le contrat étoit faux. Il ne l'étoit cependant pas. Les fignatures furent reconnues par les témoins eux-mêmes qui avoient figné ce contrat.

En 1689 on furprend huit lettres écrites en chiffres, qui contiennent les détails d'une confpiration contre l'Etat. Quatre Chanoines de Beauvais font foupçonnés d'en être les auteurs. On nomme quatre Experts pour examiner & vérifier ces

---

à confulter, & Confultation fur la preuve réfultante de la vérification des écritures par Experts, fignée de huit Avocats célebres, & imprimée chez Simon en 1766..
Remontrances du Parlement de Paris. Voyez Mémoire pour M. de la C.....

lettres, & ces Experts affirment hardiment, qu'elles font l'ouvrage des Accufés ; ELLES NE L'ÉTOIENT CEPENDANT PAS. Raoul Foy avoit fabriqué ces lettres, & les avoit imputées aux quatre Chanoines ; il fut arrêté, il avoua fon crime, & il fut pendu à la Grève le 10 Septembre 1691 (1).

L'Abbé Berrier avoit fait un billet à un de fes créanciers ; le billet fut argué de faux par un autre créancier, qui avoit fait faifir les revenus de l'Abbé. Quatre Experts examinerent ce billet, & déciderent qu'il étoit faux. IL NE L'ÉTOIT CEPENDANT PAS. On envoya ce billet à l'Abbé Berrier, qui avoit ignoré jufqu'alors le procès de fes créanciers, & il reconnut que le billet étoit de lui (2) ?

On écrit à M. le Duc d'Orléans Régent, une lettre injurieufe, fous le nom & la fignature de l'Evêque d'Orléans. Le Curé de Saint-Victor d'Orléans eft accufé d'en être l'auteur ; il eft arrêté *, conduit à la Baftille, & on établit à l'Arfenal une Commiffion pour lui faire fon procès **. Des Experts font nommés ; ils comparent, ils vérifient, & ils décident que l'Accufé eft l'auteur de la lettre. IL NE L'ÉTOIT CEPENDANT PAS. Quelque tems après, un inconnu fe jette aux genoux de M. le Régent, il fe reconnoît coupable, & s'avoue l'auteur de la lettre. Le Prince le releve, lui pardonne avec bonté. Mais fur ces entrefaites l'innocent & malheureux Curé meurt à la Baftille. M. le Régent fait une penfion à fes parens. Que falloit-il faire aux Experts ?

Dans combien de méprifes femblables les Experts ne tom-

* Le 25 Avril 1718.

** Le 6 Juillet fuivant.

---

(1) Vie d'Hermant par Baillet, page 121. Mémoire fur la Vie de M. Vallon de Beaupuits, pag. 263 & fuivantes. Mémoire à confulter pour la famille de M. de la C. pag. 1ᵉʳᵉ & fuivantes.

(2) Mémoire pour M. François-Jacques Fleury, Curé de Saint-Victor d'Orléans, prifonnier à la Baftille, par Mᵉ Gaubert, Avocat.

bent-ils pas habituellement ? Qu'il nous foit permis d'en rapporter encore un exemple. Il s'eft paffé de nos jours ; l'Europe
entiere en a été témoin, & M. le Maréchal ne le niera pas ; il
doit en fçavoir, auffi-bien qu'un autre, l'origine & les détails.

Des billets anonymes, injurieux à la perfonne facrée du
Roi, & offenfans pour un de fes Miniftres, font envoyés à ce
Miniftre même. Un Magiftrat célèbre fe trouve tout-à-coup,
il ne fçait comment, foupçonné d'en être l'auteur. Le ton de
ces billets, leur ftyle abject, les injures groffieres qu'ils contiennent, la conduite du Magiftrat, fon attachement inviola-
ble à la majefté du Trône & à la perfonne du Roi, fes talens,
fes vertus, tout annonce qu'une telle infamie ne peut être fon
ouvrage ; cependant on informe, on nomme des Experts en
grand nombre & à grands frais ; les Experts examinent, comparent, vérifient, & tous décident que les billets font de la
main du Magiftrat ; & cependant . . . . quelle ame honnête n'a
été révoltée de cette décifion ? & lorfque je la rapproche de
ce fyftême de M. le Maréchal, que les dépofitions des Experts,
quand elles font uniformes, fuffifent pour que les Juges puiffent prononcer une condamnation, la plume échappe à ma main
tremblante. On auroit donc pu, fur ces dépofitions uniformes,
couvrir d'opprobre cet illuftre accufé, & l'envoyer juridique-
ment au dernier fuppplice. Nouveau Socrate il eut, au fein de fa
patrie, expiré fous les traits d'Anitus ; & parmi nous auffi, ce
fage eût donc bu la cigue !

Il eft donc conftant, d'après l'Ordonnance, les Loix, les
Auteurs, la Jurifprudence de tous les Tribunaux, que le témoignage des Experts, lors même qu'il eft uniforme, ne fuffit
pas pour opérer une conviction légale ; mais quel que puiffe

être

être le degré de foi qu'il mérite, qu'il soit suffisant ou non, peu importe à Madame de Saint-Vincent.

Ce procès a vu naître deux rapports d'Experts faits, l'un à la Baftille par Guillaume & Liverloz, l'autre au Châtelet par Paillaffon & Potier (1). Les ténèbres ont enféveli celui de la Baftille, il ne refte plus que celui du Châtelet. Oublions pour un moment que l'ignorance la plus craffe, & la partialité la plus révoltante ont enfanté ce rapport. Suppofons qu'il foit tout le contraire de ce qu'il eft, l'ouvrage de la raifon & de la bonne foi. Dans cette hypothèfe même, quel effet produit-il ? Il conftate le corps d'un délit, mais il n'en fait pas connoître l'auteur ; il établit l'exiftence d'un crime, mais il ne nomme pas le coupable ; il décide qu'il y a un faux, mais il n'indique pas la main qui l'a commis ; perfonne ne fe trouve defigné dans ce rapport, perfonne n'y eft nommé, & il n'y eft queftion, d'un bout à l'autre, que de la vérité, ou de la fauffeté phyfique des lettres & des billets. Or que fait à Madame de Saint-Vincent la vérité ou la fauffeté phyfique de ces lettres & de ces billets ? Deftinés à tromper une femme trop crédule, ne pourroient-ils pas avoir reçu, de M. le Maréchal lui-même, l'empreinte de la fauffeté ? La main perfide qui feignoit d'être fi généreufe à fon égard, ne pourroit-elle pas avoir marqué du fceau de la réprobation les dons funeftes qu'elle lui prodiguoit fi aifément ? L'attentive prévoyance de leur auteur ne fe feroit-elle pas ménagée tout-à-la-fois la reffource de les défavouer un jour, & de perdre en même tems l'imprudente qui, contre fes ordres, auroit ofé en faire ufage ? Mais que font, encore

---

(1) *Nota.* Il n'eft pas inutile de remarquer que ce Guillaume a joué un rôle important dans l'affaire de Rennes, & qu'il a décidé, *en honneur & confcience*, que les billets étoient de la main de M. de la C. Paillaffon, qui a autant *d'honneur & de confcience* que Me Guillaume, a été entendu & a dépofé de même,

une fois , qu'importent à Madame de Saint-Vincent les noirs artifices, dont peut-être M. le Maréchal a revêtu les lettres & les billets qu'il lui envoyoit ? Qu'importe la vérité ou la fauſſeté intrinſeque de ces lettres & de ces billets ? Ce n'eſt pas là l'état du procès ſoumis à la déciſion de la Cour. Ce procès affreux ſe réduit à ce point unique. Madame de Saint-Vincent a-t-elle fait les lettres & les billets , ou ne les a-t-elle pas faits ? M. le Maréchal dit : ELLE LES A FAITS ; qu'il prouve cette aſſertion ; qu'il faſſe tomber ſur la tête du fauſſaire toute la ſévérité des Loix, ou bien il n'eſt qu'un calomniateur , digne lui-même de toute la ſévérité de ces Loix.

Si Madame de Saint-Vincent formoit une action civile pour répéter le payement des billets , ſi ces billets à la main, elle réclamoit les engagemens qu'ils contiennent , & les droits qu'ils lui donnent, ſans doute que la vérité ou la fauſſeté phyſique de ces billets ſuffiroient pour faire accueillir ou rejetter ſa demande ; mais dans l'accuſation formée par M. le Maréchal, dans l'action criminelle qu'il a dirigée contre Madame de Saint-Vincent , cette vérité ou fauſſeté phyſique des billets n'opere point une conviction contre elle. J'ai reçu de vous des billets , dit-elle à M. le Maréchal, & parce que vous vous repentez de me les avoir donnés, vous m'accuſez de les avoir faits ; vous ſçavez cependant que c'eſt de votre main & non de la mienne que ſortent ces billets funeſtes — Non, c'eſt vous qui les avez faits, répond M. le Maréchal, & ce n'eſt pas moi qui vous les ai donnés ; car ces billets ſont faux. Quoi ! M. le Maréchal, ces billets ſont faux ! Je les ai reçus de vous tels qu'ils ſont ; vous me les avez donc donnés faux ? -- Non, vous dis-je, je ne vous les ai pas donnés, & vous les avez faits ; la preuve en eſt certaine, c'eſt qu'ils ſont faux. -- Mais, M. le Maréchal, cette preuve n'eſt pas certaine. Si vous me les avez donnés faux ? -- Encore une fois, je ne vous les ai pas donnés, & vous les avez faits, car ils sont faux..... On voit aisément que tant que M. le Maréchal se bornera à répondre, LES BILLETS SONT FAUX, cette assertion qui feroit preuve dans une action civile où il s'agiroit de statuer sur le sort des billets, n'en est pas une dans une action criminelle où il s'agit de prononcer sur le mérite de l'accusation intentée par M. le Maréchal contre Madame de Saint-Vincent. Cette accusation est indépendante de la fausseté des billets ; car cette fausseté quand elle feroit démontrée, ne prouveroit pas sans doute ni que Madame de Saint-Vincent a fait les billets, ni que M. le Maréchal ne les a pas donnés à Madame de Saint-Vincent. Il est évident que ces billets peuvent être faux, sans que Madame de Saint-Vincent les ait faits ; il est évident qu'ils peuvent être faux, quoique M. le Maréchal les lui ait donnés ; il est évident conséquemment que cette fausseté ne décidant pas si Madame de Saint-Vincent a fait les billets, & si M. de Richelieu n'a pas donné les billets à Madame de Saint-Vincent, l'accusation qui tient essentiellement à ces faits, est absolument indépendante de cette fausseté des billets.

Tel a toujours été le langage tenu par Madame de Saint-Vincent ; elle a déclaré dans les interrogatoires, qu'elle ne pouvoit point affirmer la vérité physique des billets, qu'elle ignoroit ce qu'ils sont en eux-mêmes, mais qu'elle les avoit reçus tels qu'ils sont de M. le Maréchal. * Et à sa confrontation avec les Experts, après avoir entendu leur rapport, elle déclare : *que les dépositions dont elle vient d'entendre la lecture, ne prouvent rien contre elle, & lui sont très-indifférentes, que le témoin dit que les lettres & les billets sont faux, mais qu'il n'indique point quels en sont les auteurs ; qu'elle les a reçus de*

* Voyez page 39 des interrogatoires imprimés.

M. le Maréchal tels qu'ils font ; qu'elle n'en garantit point la vérité phyfique & intrinfeque ; que fi M. le Maréchal pour la tromper plus fûrement les a faits faux, s'il les a fait faire par une autre main que la fienne, elle ne peut en répondre ; que ce dont elle répond & qu'elle affirme hautement, c'eft qu'elle ne les a point faits, & qu'elle les a reçus du Maréchal, que conféquemment quand le témoin diroit vrai, il n'en réfulteroit rien contre elle ★.

* Confrontation de Madame de Saint-Vincent avec Paillaffon.

★★Pag. 155.

» Mais fi ces lettres & ces billets font faux, n'eft-ce pas, dit-» on, à Madame de Saint-Vincent qu'il faut les attribuer ? C'eft » entre fes mains qu'ils fe trouvent, c'eft elle qui les a négo-» ciés, c'eft elle qui en a profité, c'eft donc elle qui a commis » le crime. *Is fecit fcelus cui prodeft.* ★★

Cette conféquence eft abfurde dans l'hypothèfe dont il s'agit ici. A peine pourroit-elle être admife dans le cas où il n'exifteroit aucune efpéce de relation entre Madame de Saint-Vincent & M. le Maréchal, dans le cas où l'on n'apperce-vroit aucune trace de bienfaits, aucun indice de billets promis & donnés par M. le Maréchal à Madame de Saint-Vincent. Mais dans un procès qui fuppofe évidemment la plus grande liaifon entre Madame de Saint-Vincent & M. le Maréchal, où l'on voit M. le Maréchal prendre tant d'intérêt au fort de fa parente, la conduire de Province en Province par l'appas d'une grande fortune, dans un procès qui établit de toute part que les billets fortent de la main de M. le Maréchal, où l'on voit ces billets annoncés par la conduite qu'il a tenue en-vers Madame de Saint-Vincent, où l'on voit ces billets portés & rapportés de M. le Maréchal à Madame de Saint-Vincent ; dans un procès enfin, où il eft démontré par une foule de preuves inconteftables, qu'il eft impoffible que Madame de Saint-Vincent les ait calqués, & où il faut renoncer au fens commun pour croire au crime dont M. le Maréchal l'accufe ; n'eft-ce pas une dérifion, de prétendre qu'il fuffit que Madame de Saint-Vincent ait eu la poffeffion de ces billets, pour prouver qu'elle les a faits ? Mais fi elle les a reçus de M. le Maréchal, ne les auroit-elle pas eus également en fa poffeffion ? Cette poffeffion ne prouve donc pas ni qu'elle les ait faits , ni qu'elle ne les a pas reçus.

Qu'un homme ait entre fes mains des pieces de fauffe monnoie , fera-t-il déclaré faux monnoyeur , parce qu'il poffede ces pieces fauffes ? Que fi cet homme déclare que les pieces fauffes lui ont été données par telle ou telle perfonne ; que s'il cite des circonftances frappantes qui en ont préparé, accompagné, fuivi le don & l'envoi ; que s'il démontre furtout qu'il eft impoffible qu'il les ait fabriquées, perfiftera-t-on à le croire coupable, parce que c'eft entre fes mains que fe font trouvées les pieces fauffes, & aura-t-on la démence de lui oppofer froidement cet axiome : *is fecit fcelus cui prodeft ?* Mais de grace, vous répondra-t-il, mettez moins de paffion & plus de jufteffe dans vos raifonnements. Confidérez que poffédér des pieces fauffes , n'eft pas une raifon de les avoir faites. Ce n'eft pas parce que je les ai faites que je les poffede. Je ne les poffede que parce que je les ai reçues ; & feriezvous affez injuftes pour me rendre refponfable d'un crime dont je ne fuis peut-être que la premiere victime, & que je dois abhorer plus que tout autre ? Ces pieces font fauffes, dites-vous ; je n'en fçais rien, & peu m'importe ; mais parce qu'elles font fauffes , eft-ce encore une fois, eft-ce donc une raifon pour que je les aye faites ? Ne peuvent-elles pas être fauffes & m'avoir été données ? Les poffédér eft-ce un crime ? Oui fi je les ai faites. Non fi je les ai reçues. Examinez donc fi je les ai faites, examinez donc fi je les ai reçues ; & laiffez, une fois pour toutes, une fauffeté & une poſſeſſion qui ne prouvent abſolument rien. On ne voit pas trop ce que l'on pourroit répondre à ce diſcours.

Examinons maintenant s'il eſt vrai que ces billets ſont phyſiquement faux. Ils préſentent douze ſignatures de M. le Maréchal. Le corps de ces billets eſt reconnu pour n'être pas de ſa main : » Or ces douze ſignatures, diſent M. le Ma- » réchal & ſes Experts, ſont fauſſes, & elles ont été calquées à » la vitre ſur deux ſignatures priſes pour modeles ; ſçavoir » huit ſur un modele, & quatre ſur un autre. En ſuivant à la » tranſparence de la vitre, les traits des ſignatures origi- » nales, on a formé des ſignatures fauſſes parfaitement reſ- » ſemblantes aux ſignatures véritables qui ſervoient de mo- » deles. *

* Pages 94, 95 & ſuivantes de ſon Mé- moire.

Voilà qui eſt poſitif. Nous verrons bientôt où en eſt la la preuve. Mais avant d'entrer dans l'examen de ces preuves, nous ſupplions ceux qui ont la patience de parcourir ce Mémoire, de vouloir bien réfléchir quelques inſtans à cette opération du calquage ou contretirement à la vitre. Cette opération dont M. le Maréchal & ſes Experts parlent ſi fort à leur aiſe, comme de la choſe du monde la plus ſimple, eſt-elle poſſible ? Eſt-elle facile ? Donneroit-elle le réſultat indiqué ? Eſt-ce de bout qu'il faut calquer ? Alors la main chancelle & n'eſt pas ſûre, l'encre ne vient point au bout de la plume, ſa poſition horiſontale y eſt un obſtacle. Calque-t-on aſſis ? Mais alors il faut placer la vitre d'une maniere qui en empêche la diaphanéité, la tranſparence du verre n'exiſte plus. Que ſi l'on conſerve à la vitre ſa poſition perpendiculaire, l'inconvénient de la tenue horiſontale de la plume renaît & empêche l'écoulement de l'encre. Que d'autres obſtacles au calquage! Chacun peut tenter cette opération & en faire ſoi-même l'eſſai. Nous nous en rapportons là-deſſus aux gens inſtruits & non prévenus. Eh! que deviendroient la sûreté & la confiance publiques, si cette maniere de calquer étoit praticable, & si à l'aide d'une vitre, on pouvoit former sur une signature vraie, une signature fausse qui lui seroit parfaitement ressemblante? Quel homme, ayant quelque chose à perdre, oseroit jamais signer son nom? Qui ne trembleroit que sa signature mise au bas d'une lettre ou de tout autre acte indifférent, ne devînt bientôt un titre contre lui, & une créance sur sa fortune? D'une signature jettée au hasard & sans intention, il naîtroit sous la plume d'un calqueur des engagemens obligatoires & ruineux, & cet art perfide seroit le tombeau de la bonne foi qui regne parmi les hommes . . . . . 1°. Calquer 12 signatures, ce n'est pas tout.

Ces douze billets sont de sommes différentes ; les uns de soixante, les autres de quarante, les autres de trente mille livres, &c. Chacun de ces billets contient un *bon pour* qui en exprime la valeur, & en toute lettres ; ensorte que sur l'un on lit : *bon pour soixante mille livres*, sur l'autre : *bon pour quarante mille livres*, &c. Tous ces *bons pour* sont de la main de M. le Maréchal. Dans son systême, ils ont donc été, comme les signatures, contretirés à la vitre, sur des *bons pour* véritables que l'on a pris pour modeles, & sur lesquels on a formé, à l'aide de la transparence de la vitre, ces *bons pour* véritables sur lesquels il a fallu calquer les faux? Que l'on nous dise d'abord où se trouvoit le modele qui a servi de base & de type *aux bons pour* prétendus calqués. M. le Maréchal ne conviendra jamais sans doute avoir donné de véritables *bons pour* à Madame de Saint-Vincent. Où donc a-t-elle pris ceux sur lesquels on prétend qu'elle a calqué les *bons pour* des billets? . . . . 2°. Calquer douze *bons pour* ceci n'est encore rien.

Il existe au procès trente-sept lettres de M. le Maréchal,

De ces trente-fept lettres, M. le Maréchal, *pour le feul intérêt*

de la vérité * en argue de faux vingt-deux; il ne s'explique
point fur les quinze autres, fans doute auffi *pour le feul intérêt
de la vérité*. Or ces vingt-deux lettres ont été, fuivant lui,
comme les fignatures & les *bons pour*, contretirés à l'aide
de la tranfparence de la vitre, fur des lettres véritables prifes
pour modele. Mais pour cette prétention, elle eft fouveraine-
ment abfurde; car pourquoi calquer une lettre; c'eft-à-dire,
fur une lettre véritable faire une lettre fauffe? Que l'on ait la
volonté de calquer, fi cela eft poffible, une fignature fauffe
fur une fignature véritable, & d'appofer cette fignature calquée
au bas d'un billet; que l'on répete cette opération fur plufieurs
fignatures & fur plufieurs billets, ce crime peut fe concevoir,
l'intérêt le dicte; car en multipliant les fignatures & les billets,
on multiplie les fommes dues : mais il eft inconcevable que
l'on ait jamais la volonté de calquer deux lettres l'une fur
l'autre. A quoi peuvent fervir deux lettres calquées? Deux
lettres femblables ont-elles plus d'effet qu'une? La feconde
fait-elle un titre, une créance de plus que la premiere? Non
fans doute. On ne fe décideroit donc à calquer une lettre
fauffe que dans le cas où l'on n'en auroit pas une véritable.
Mais fi l'on n'en a pas une véritable, comment en calquer une
fauffe? Où trouver le type, le modele de la lettre que l'on veut
calquer? Comment fuivre *les traits*, *les dimenfions*, *la forme*
d'une lettre originale, quand on n'a pas de lettre originale?
Il faut opter. Ou l'on a en fon pouvoir une lettre véritable, ou
l'on n'en a point. Si l'on en a une véritable, on n'en fait pas
une fauffe; & fi l'on n'en a point de véritable, on n'a pas de
modele pour faire cette fauffe. Quand on a un modele pour
calquer une lettre, le calquage en eft inutile & abfurde; &
quand on n'en a point, il eft impoffible.

Appliquons

Appliquons ce dilemme à la queſtion préſente. Ou Madame de Saint-Vincent avoit en ſon pouvoir les vingt-deux lettres véritables, ſur leſquelles elle aura contretiré les vingt-deux que l'on prétend calquées, ou elle ne les avoit pas. Si elle avoit les vingt-deux lettres véritables, pourquoi, à quel propos, dans quel deſſein, en contretirer vingt-deux fauſſes ? Si elle ne les avoit pas, comment, où, ſur quel modele les a-t-elle calquées ?

Les moyens qu'elle employoit pour cette contrefaction, répond M. le Maréchal*, *ſont connus. Son procédé étoit de prendre dans les lettres véritables qu'elle avoit reçues, des phraſes entieres, quand elles pouvoient s'appliquer à ſon objet ; de chercher enſuite, dans ces mêmes lettres, les demi-phraſes, & les mots épars dont elle avoit beſoin pour former le total de la lettre, en appliquant le papier où elle écrivoit ſur celui qui lui ſervoit de baſe, elle contretiroit, à la faveur de la tranſparence des papiers poſés ſur une vitre, les phraſes & les mots qu'elle ſe propoſoit d'employer.*

* Pages 27 & 102 de ſon Mémoire.

Quelle extravagance ! quel délire ! Comment ne rougit-on pas de dire & de défendre des abſurdités ſemblables ? Prendre une phraſe dans une lettre, une demi-phraſe dans une autre, une ligne dans celle-ci, un mot dans celle-là ; &, de ces phraſes, de ces demi-phraſes, de ces mots épars, compoſer un corps de lettre qui ait un ſens correct, & qui s'adapte à un projet ſuivi ! Appliquer à la vitre, à cent mille repriſes différentes, chacune de ces lettres, où l'on prend tantôt une phraſe, tantôt une demi-phraſe, tantôt un mot ; coller à chaque fois, ſur la lettre véritable, le papier où l'on calque la lettre fauſſe ; former ſur ce papier, malgré le dérangement perpétuel qu'il éprouve, malgré ſa diſproportion avec les modeles divers qui lui ſervent ſucceſſivement de baſe ; malgré la différence, ſoit dans l'intervalle des lignes, foit dans la diſtance des lettres, foit dans l'inégalité du caractere, qui regne néceſſairement entre des phraſes, des demi-phraſes, & des mots pris çà & là ; malgré tout cela, former une lettre entiere, en former cinq, en former dix, en former vingt, en former vingt-deux ! . . . . Magiſtrats integres ! Lecteurs honnêtes ! c'eſt à vos lumieres & à votre bonne-foi que nous foumettons avec confiance l'examen de cette opération. Dites vous-mêmes, ſi elle eſt poſſible ; dites ſi elle n'eſt pas hériſſée de toutes parts de difficultés fans nombre, d'obſtacles invincibles ; & voyez s'il eſt fur la terre une patience & une adreſſe capables de les furmonter. Pour moi cette opération me paroît révoltante. Quand je veux l'approfondir, mon imagination s'effraye, & recule épouvantée. Non je ne croirai jamais à cet ouvrage de féerie, à ce contretirement magique, que le plus adroit fauſſaire de l'Europe ne pourroit exécuter en pluſieurs ſiecles, & où le plus habile des enchanteurs verroit échouer fa puiſſance & fon art. Et l'on n'a pas honte de dire qu'une femme de la plus grande qualité, qu'une femme foible, légere, frivole, qui a paſſé fa vie dans un couvent. . . . . Mais n'anticipons pas fur les époques, & fuivons rigoureufement l'ordre didactique que nous nous fommes impoſé : ne perdons point de vue les Experts ; &, après avoir expoſé leur fyſtême, difcutons les preuves fur lefquelles il eſt appuyé.

» Une feule obfervation, difent-ils, démontre jufqu'à l'évi-
» dence la contrefaction des billets ; les ſignatures de ces
» billets font parfaitement conformes entr'elles dans la hauteur,
» la longueur, & la diſtance des mots & des lettres qui les
» compoſent, enforte que ces ſignatures appliquées les unes
» fur les autres, fe couvrent & s'identifient entierement*. Il
» eſt huit ſignatures qui ont entr'elles une conformité géomé-

* Page 93 du Mémoire. Voyez le Rapport de Pailladon.

» trique ; les quatre autres ſignatures ont également entr'elles
» cette conformité géométrique , & ſont de plus conformes
» avec la ſignature d'une lettre écrite au ſieur Benavent ,
» dépoſée au procès ».

Nous pourrions conteſter aux Experts cette conformité
géométrique qu'ils affirment avoir reconnue dans les ſignatures des billets. M. de Vedel , confronté avec eux aux Châtelet & au Parlement , a meſuré, le compas à la main , toutes
ces ſignatures , & il y a remarqué de la variété. Les quatre ſignatures , ſur-tout, que l'on prétend conformes entr'elles ,
& conformes avec la ſignature d'une lettre écrite au ſieur Benavent , préſente au compas une différence ſenſible. La ſignature de la lettre eſt en totalité plus longue que les ſignatures
des quatre billets ; & cependant le mot *Richelieu* eſt plus court
dans la lettre que dans les billets. Le mot *Duc* offre auſſi de
la variété. Les longueurs de ces quatre ſignatures ne ſont
point égales entr'elles. Les mots qui compoſent ces ſignatures ſont auſſi inégaux entr'eux , ſoit dans leur hauteur , leur
diſtance & leur longueur ; les huit ſignatures préſentent auſſi
de la variété. Or , ſi cette conformité parfaite n'exiſte pas ,
que penſer , que dire des Experts qui bâtiſſent tout leur ſyſtême
ſur cette conformité chimérique ? Que penſer , que dire du
ſyſtême fondé ſur une telle baſe ? Comme tout cela doit
s'écrouler aiſément !....... Mais ſoyons accommodans , &
accordons , ſans que cela pourtant tire à conſéquence , que
réellement les ſignatures ont entr'elles une conformité parfaite.
Eh bien ! que faut-il en conclure ?

» Il ſeroit abſurde d'attribuer au haſard une reſſemblance
» auſſi géométriquement parfaite *. L'Ecrivain le plus habile
» ne parviendra point à faire deux ſignatures également con-

*Voyez pag. 94 du Mémoire , & le rapport de Paillaſſon.

» formes entr'elles , à plus forte raifon , d'en faire huit avec
» cette conformité géométrique ».

Nous pourrions peut-être contefter auffi cette impoffibilité
de faire par hafard des fignatures parfaitement conformes entr'elles ; mais paffons-leur encore cette impoffibilité, & allons
au fait.

* *Idem.*   » * Il n'y a qu'un feul moyen qui puiffe produire une auffi
» entiere reffemblance. Il faut que les huit fignatures aient
» été contretirées à la vitre , fur une fignature véritable prife
» pour modele ».

Remarquez cette conclufion : *il n'eft qu'un feul moyen qui*
puiffe produire une auffi entiere reffemblance ; il faut que les
fignatures aient été contretirées à la vitre ? A qui penfe-t-on
qu'elle puiffe en impofer ? Que dira **M.** le Maréchal , que
diront les Experts , fi on leur indique une autre maniere que
ce contretirement imaginaire , de faire huit fignatures, d'en
faire vingt, d'en faire cent, qui aient entr'elles une conformité géométrique & parfaite ? Que diront-ils , fi on leur
indique des fignatures qui ont entr'elles cette conformité géométrique , fans que pour cela elles foient fauffes & contrefaites ? Combien eft-il de perfonnes en place, de Miniftres en
France , en Europe , dont les fignatures font géométriquement
conformes entr'elles ? Dira-t-on que ces fignatures font fauffes
& contretirées à la vitre ?

» Ces fignatures , repliquent le Maréchal & fes Experts ,
» fe font avec une griffe. La même griffe forme toujours la
» même fignature ; il n'eft donc pas étonnant que toutes ces
» fignatures foient géométriquement conformes entr'elles ».

A merveille , Meffieurs. Mais une conformité géométrique ne prouve donc pas que des fignatures font contrefaites ?

Mais il y a donc , pour donner cette conformité géométrique à des fignatures, d'autres moyens que de les contretirer à la vitre ? Mais vos principes qui affirment le contraire font donc faux ? Mais les conféquences que vous tirez de ces principes font donc fauffes ? Mais tous vos raifonnemens à ce fujet font donc faux ? Et pourquoi, dites-nous, la maniere qui produit tant de fignatures géométriquement conformes entr'elles , ne feroit-elle pas auffi celle qui produit les fignatures *Richelieu*, géométriquement conformes entr'elles ? Pourquoi , l'effet étant le même , la caufe feroit-elle différente ? Si la reffemblance de ces fignatures eft fi frappante , fi leur analogie eft fi exacte , pourquoi la même origine ne leur feroit-elle pas commune ?

Ici M. le Maréchal entre en fureur, il donne des fommations , il dit des injures ; il veut qu'on lui produife les griffes dont il fe fert , il veut qu'on lui nomme les Orfevres qui les ont faites *. *Jamais* , dit-il , *il ne s'eft fervi de griffe , malgré la multiplicité des fignatures qu'il avoit à faire, & il étoit réfervé à l'effronterie des défenfeurs de Madame de Saint-Vincent , de hafarder une pareille affertion.*

* Page 19 de fes Obfervations.

Mais pourquoi cette colere ? Pourquoi ces injures ? Nous embraffons avec zele la défenfe de Madame de Saint-Vincent ; mais nous n'y apportons ni paffion , ni effronterie. M. le Maréchal nous fait remarquer lui-même dans fes fignatures , une conformité géométrique ; cette conformité s'allie merveilleufement avec l'idée que nous avons d'une griffe ; elle nous paroît inexplicable dans toute autre fuppofition ; en conféquence, nous difons , c'eft une griffe qui les a faites. Quelle effronterie y a-t-il à raifonner ainfi ! Nous n'affirmons point que M. le Maréchal fe fert de griffes, nous n'affirmons point que fes fignatures font faites avec des griffes , nous ne rai-

fonnons que par fuppofitions , & nous difons : ou ces fignatures ont entr'elles une conformité géométrique , ou elles ne
l'ont pas : fi elles ne l'ont pas , cette conformité prétendue
ne prouve rien ; fi elles l'ont , elle eft l'effet d'une griffe. Encore une fois , où eft l'effronterie d'un pareil raifonnement ?
N'eft-il pas concluant ? n'eft-il pas décifif? Nous fouhaiterions
que l'on voulût bien y répondre autrement que par des fommations & des injures.

M. le Maréchal , fes Experts & nous , partons tous du
même principe ; fçavoir , que les fignatures ont entr'elles
une conformité parfaitement géométrique , & nous ne fommes divifés que fur la conféquence. Voici celle de M. le Maréchal : *donc ces fignatures ont été contretirées à la vitre , parce
que ce contretirement eft l'unique caufe qui puiffe produire cette
conformité.* Voici la nôtre : *donc qu'elles ont été faites avec une
griffe , parce qu'une griffe eft la caufe qui produit cette conformité géométrique.* Que l'on compare ces conféquences , &
que l'on voie laquelle des deux eft la plus raifonnable & la
mieux déduite , & que M. le Maréchal nous le dife lui-même
avec franchife : s'il vouloit faire huit fignatures géométriquement conformes entr'elles , de quel moyen fe ferviroit-il ?
D'une vitre ou d'une griffe ? Eh ! pourquoi la caufe qui produit le plus aifément cette conformité , ne feroit-elle pas auffi
celle qui l'explique le mieux ?

Quant aux douze *bon pour* des billets qui en expriment ,
en toutes lettres , la valeur numéraire, quelles preuves donne-
t-on qu'ils ont été calqués ? Aucunes. Ce ne n'eft qu'une
fimple allégation de la part des Experts. A une allégation
femblable, nous ne connoiffons qu'une réponfe ; & ils vou-
dront bien fe la tenir pour faite.

Et pour les vingt-deux lettres arguées de faux , quelles

preuves donne-t-on qu'elles ont été calquées? Mais quoi! des preuves que vingt-deux lettres ont été calquées! Peut-il donc y en avoir? Expofer cette opération, n'eft-ce pas l'avoir réfutée? N'eft-elle pas une chimere abfurde, une fable indécente? Et faut-il s'abaiffer jufqu'à y répondre en détail?

La fauffeté des billets annonce d'avance celle des lettres. Les billets pourtant pourroient être faux, fans que les lettres fuffent fauffes. Si M. le Maréchal avoit promis des billets, s'il avoit écrit des lettres contenant ces promeffes, & s'il n'avoit donné enfuite que des billets faux, ces lettres n'en feroient pas moins véritables, quoique les billets fuffent faux. *La même main qui s'eft formée les premiers titres, a pu & dû fe fabriquer les feconds* *. C'eft auffi de la main de M. de Richelieu que Madame de Saint - Vincent a reçu les feconds comme les premiers. *Il eft impoffible que M. de Richelieu ait rien écrit de relatif à des billets qu'il n'a jamais faits* *. Jamais faits, c'eft trop. Nous ne favons pas s'il les a faits; mais il les a promis, mais il les a donnés, & il eft affez fimple qu'il ait écrit quelque chofe de relatif à des billets qu'il promettoit & qu'il a donnés. *Le contexte de ces lettres eft bifarre & abfurde* *. 1°. Si M. le Maréchal écrit ainfi, nous ne pouvons qu'y faire; il lui eft permis fans doute d'être bifarre & abfurde dans fes lettres. 2°. Cela même prouve qu'elles ne font pas l'ouvrage d'un fauffaire. Un fauffaire qui fe forge des titres, ne les fait ni bifarres ni abfurdes; il parle clairement & il s'explique cathégoriquement. *La maigreur du caractere de prefque toutes les lettres en prouve la fauffeté* *. Quelques-unes de ces lettres font maigres; d'autres ne le font pas. Mais comment cela fait-il une preuve de fauffeté? *La maigreur du caractere ne peut provenir que de la néceffité où l'on eft d'employer en calquant une plume plus fine* *. Pourquoi en calquant? Ne

** Pages 96, 97 & fuivantes du Mémoire.*

** Ibid.*

** Ibid.*

** Ibid.*

** Voyez pag. 104 & fuivantes.*

** Ibid.*

provient-elle pas auſſi bien d'une plume fine qui écrit tout naturellement, & qui ne calque pas? M. le Maréchal ne ſe ſert-il jamais de plume finement taillée ? Son écriture n'eſt-elle jamais maigre ? Les Juges verront au Procès une lettre par lui écrite à Madame la Comteſſe de Vence, dont le caractere préſente une maigreur très-ſenſible ; ce n'eſt pas ſans doute qu'elle ait été calquée, c'eſt qu'il l'écrivit avec une plume fine. C'eſt avec cette plume fine qu'il écrivoit auſſi à Madame de Saint-Vincent les lettres maigres qu'il déſavoue aujourd'hui. *Quelques-unes de ces lettres laiſſent voir des héſitations repriſes & tremblement* *. Il n'eſt pas étonnant que la main de M. le Maréchal héſite, tremble & ſe reprenne. A ſon âge elle n'eſt pas ſûre. *La preuve phyſique du calquage des lettres eſt auſſi évidente que celle des billets* *. Voilà une évidence d'une ſinguliere eſpece!

Au nombre des lettres dépoſées, il s'en trouve deux, dont l'une eſt évidemment fauſſe & calquée ſur l'autre qui eſt véritable ; ces deux lettres ſont parfaitement conformes entr'elles, à quelques mots près, qui ne ſont pas dans la véritable & que l'on a inſérés dans la fauſſe. Dans ces deux lettres, les lignes, les mots, les lettres, ont la même hauteur, la même largeur, la même longueur, & en les poſant l'une ſur l'autre, elles ſe couvrent & s'identifient entierement *.

Encore une conformité géométrique & une identité parfaite : pour celle-ci elle n'eſt, à coup ſûr, qu'un groſſier menſonge. Preſque tous les accuſés *, à leur confrontation avec les Experts, ont trouvé une différence ſenſible entre ces deux lettres. L'Abbé de Villeneuve-Flayoſc remarque que leurs lignes n'ont pas la même longueur, ni leurs mots la même hauteur ; que le mot *je*, que le mot *étonné*, ſont abſolument différens ; & le ſieur Benavent obſerve que les mots,

je

* *Voyez rapport de Paillaſſon.*

* Pag. 97.

* Pag. 97 & ſuivantes.

* Voyez confrontation des Experts avec les ſieurs Abbé de Villeneuve, Benavent & Vedel.

je ne, *feré*, *encore*, *ma très-chere Coufine*, *vôtre*, *vous*, ne fe reffemblent point, & il en rapporte en détail les différences. M. de Vedel obferve que , *vérification faite au compas*, *de ces deux lettres*, *il eft abfolument faux qu'elles foient conformes pour la longueur des mots & des lignes*, *toutes les lignes & prefque tous les mots font d'une longueur différente*, *&c.*; *& il fe rappelle que lorfqu'il fit la même vérification au Châtelet en préfence de M. de la Honville*, *le témoin fe fentant coupable*, *fe mit à trembler comme dans l'accès d'une fiévre violente*, *ce qu'il fit remarquer à M. de la Honville qui s'en fouviendra certainement*. M. de Vedel a fait mention, dans fa confrontation au Parlement, de cette circonftance qu'on avoit oublié d'écrire dans celle du Châtelet, & le témoin, préfent à la mention qui en a été faite, ne l'a pas nié. Or, fi cette conformité géométrique n'exifte pas entre les deux lettres, l'une n'eft donc pas calquée fur l'autre. Suivant les Experts, cette conformité géométrique eft la preuve du calquage. Le calquage produit donc néceffairement cette conformité géométrique, elle lui eft effentielle, inhérente, elle ne peut en être féparée, il ne peut exifter fans elle; conféquemment, dès qu'elle n'exifte pas, il ne peut plus y avoir de calquage.

Mais n'eft-il pas bien fingulier que ces deux lettres, *abfolument femblables dans leur contexte*, *à quelques mots près*, *foient forties de la main de M. le Maréchal* * ?

Non, fans doute. Il eft des perfonnes qui font circonfcrites dans un cercle étroit d'idées & de phrafes auxquelles elles reviennent fans ceffe. Ecoutez-les parler dix fois fur le même fujet, dix fois elles répéteront la même chofe avec les mêmes mots. Lifez leurs lettres, elles fe reffemblent toutes. M. le Maréchal a trouvé, fans doute, de l'agrément ou quelque

* Pag. 100 & fuivantes.

avantage à adopter cette maniere d'écrire, & il se l'est rendue très-familiere. Dans les lettres qu'il n'a pas arguées de faux, on en voit plusieurs exemples. Dans ses Mémoires il rapporte deux de ses lettres, & ces deux lettres commencent l'une & l'autre par les mêmes mots : *J'apprends avec étonnement, ma chere Cousine* *. Pourquoi donc la répétition qui commence les deux lettres dont il en désavoue une : *Je ne seré jamais étonné, ma chere Cousine*, ne seroit-elle pas également de lui ? Ne peut-il pas dire deux fois : *Je ne seré jamais étonné*, comme il dit deux fois : *J'apprends avec étonnement*. D'ailleurs, à son âge, il est permis, sans doute, de se répéter un peu, & ce n'est pas là une chose extraordinaire.

Mais, n'est-il pas bien singulier au moins que ces deux lettres soient mesurées, à une petite addition près, par le même nombre de lignes, & les lignes par le même nombre de mots, & que toutes les deux se trouvent indiquer la même date, sinon de mois & d'années, au moins de jour * ?

La même date de jour n'est pas une chose rare : on écrit le lundi d'une semaine, on écrira le lundi d'une autre semaine ; les deux lettres seront datées du même jour, l'une ne sera pas pour cela la copie de l'autre. Le nombre égal des lignes & des mots est moins ordinaire ; il n'a pourtant rien d'absurde & de révoltant. Il est très-possible, & peut-être plus aisé que l'on ne pense, que la même main qui écrit les mêmes mots sur du papier de même forme, fasse le même nombre de lignes sur l'un & sur l'autre papier, & dans chaque ligne le même nombre de mots : la main s'habitue à tracer à des distances égales les caracteres qu'elle forme ; & delà naît l'égalité numérique des lignes & des mots. Au reste, si tout cela est singulier, cette singularité est l'ouvrage de M. le Maréchal, c'est à lui à nous l'expliquer. Est-elle l'effet du hasard ? L'a-t-il affectée à deffein ou pour caufe ? Nous l'ignorons ; mais il eft certain que l'on ne peut fuppofer que ces deux lettres aient été calquées par Madame de Saint-Vincent, ni qu'elle ait contre-tiré l'une fur l'autre. Quand même le calquage feroit poffible, quand même Madame de Saint-Vincent auroit eu l'adreffe & la volonté de calquer, elle ne l'eût jamais employée à forger l'une de ces deux lettres. Elle n'en faifoit une fauffe, dit-on, que pour y inférer quelques mots utiles à fes projets, qui ne fe trouvent pas dans la véritable ; mais en ce cas, elle n'eût point recopié toute cette lettre véritable, elle n'eût point calqué tant de mots & de lignes inutiles ; elle eût inféré les mots utiles tout fimplement, au bas de la lettre véritable. Le fens de la lettre ne s'y oppofoit pas, c'eût été bien du temps & de la peine d'épargnés, & l'ouvrage en auroit été meilleur. Et même en admettant la fuppofition du calquage de l'une de ces deux lettres, il eft certain au moins que Madame de Saint-Vincent n'eût pas confervé l'une & l'autre ; elle fe feroit hâtée de déchirer ou de brûler celle qui lui auroit fervi de type, & qui lui devenoit plus qu'inutile. A-t-elle confervé le type des autres lettres que vous prétendez calquées ? A-t-elle con-fervé le type des fignatures prétendues calquées ? A-t-elle confervé le type des *bons pour* prétendus calqués ? Pourquoi donc auroit-elle confervé de préférence le type de cette lettre prétendue calquée ? Pourquoi n'auroit-il pas fubi le fort de tous les autres ? Par quelle bifarrerie eût-il échappé à la prof-cription générale ? Que fi elle eût eu l'imprudence de le con-ferver, auroit-elle eu la démence de le dépofer elle-même au procès, & de l'offrir aux regards de la Juftice ? Ces deux lettres ne font pas au nombre de celles qui lui ont été enle-vées par le Commiffaire Chefnon, mais de celles qu'elle a fait dépofer elle-même au Châtelet ; cette remarque eft effentielle.

D ij

Qui croira que fi Madame de Saint-Vincent eût calqué l'une de ces deux lettres, elle les eût dépofées toutes deux? Qui croira qu'elle eût fourni elle-même une lettre qu'elle n'auroit pas ignoré être évidemment fauffe, & fervir de piéce de conviction contre elle? Qui croira qu'elle eût préfenté comme un moyen de défenfe, le titre qui feroit la preuve du crime qu'on lui impute? Qui croira . . . . ? Pour croire aux allégations de M. le Maréchal, il faut renoncer au bon fens & fe prêter à toutes fortes de contradictions & d'inconféquences. Nous aimons à penfer que cette maniere n'eft pas celle qui fait des partifans. . . . On verra que Madame de Saint-Vincent n'a confervé ces deux lettres que parce qu'elle les a reçues de M. le Maréchal, on verra qu'elle ne les a dépofées au procès que parce qu'elles viennent l'une & l'autre de M. le Maréchal; s'il fe trouve quelque fingularité dans le contexte & la forme de ces deux lettres, M. le Maréchal feul peut les expliquer; lui feul fçait le mot de cette énigme.

Quoique la prétendue conformité des billets & des lettres *en démontre évidemment la contrefaction*, & foit, fuivant les Experts *, *fuffifante elle feule pour les anéantir tout d'un coup;* ils ne s'en tiennent pas cependant à cette prétendue démonftration; ils font plufieurs autres remarques qu'ils croyent peut-être très-intéreffantes. Mais admirez comment la fraude fe décèle, & comment l'iniquité fe ment à elle-même!

Dans les queftions de faux, leur coutume eft de juger par comparaifon, c'eft-à-dire, qu'ils comparent des piéces reconnues pour vraies avec les piéces conteftées, & ils fe décident par la reffemblance ou la diffemblance qu'ils croyent remarquer dans le caractere de ces piéces. Par exemple, on m'attribue une lettre que je nie avoir écrite; pour fçavoir fi j'en fuis l'auteur, les Experts comparent mon écriture véritable avec l'écriture de cette lettre; fi les deux écritures leur paroiffent fem-

* Voyez rapport de Pailaffon.

blables, ils difent que j'ai écrit la lettre : fi au contraire ils trouvent de la difparité dans les écritures, ils difent que je n'ai pas écrit la lettre. Cette méthode, fans doute, eft pleine d'incertitude & la fource de mille erreurs : on a pu imiter mon écriture, j'ai pu déguifer la mienne . . . . mais ce n'eft pas de quoi il s'agit ici.

Il eft des formalités à remplir, des regles à fuivre dans le choix des pieces véritables, & du corps d'écriture qui doit fervir de comparaifon. Ces formalités ont été omifes, ces regles ont été violées en faveur de M. le Maréchal ; mais ce n'eft pas là non plus de quoi il s'agit ici.

Ce dont il s'agit, c'eft de remarquer les contradictions dans lefquelles font tombés les Experts, en fuivant dans la queftion préfente leur méthode ordinaire.

Comme M. le Maréchal nioit avoir écrit des lettres & des billets, il falloit, pour affirmer que ces lettres & ces billets font faux, trouver beaucoup de diffemblance entre l'écriture de M. le Maréchal & l'écriture de ces lettres & de ces billets ; ils n'ont eu garde d'y manquer. La maniere de tenir la plume, l'orthographe des mots, les points fur les *i*, les accens fur les *e*, la façon des *a*, des *o*, des *u*, des *l*, des *r*, &c. tout cela fournit un vafte champ à leur érudition, & leur refrain perpétuel, eft de dire que l'écriture des lettres & des billets eft différente de l'écriture de M. le Maréchal, & qu'en conféquence les lettres & les billets font faux. Mais ils n'ont pas réfléchi que cette différence d'écriture ruine entierement leur fyftême de calquage, & qu'elle devient une preuve fans replique, que les lettres & les billets n'ont point été contretirés à la vître. Ils ont dit eux-mêmes qu'au moyen du contretirement à la vître, *on fait une écriture fauffe, parfaitement reffemblante à la véritable qui fert de modele* *. Or, fi les lettres & les billets ont été calqués fur l'écriture véritable de M. le Maréchal, ils doivent être

* Page 94.

parfaitement reſſemblans à cette écriture véritable. Les différences qu'ils apperçoivent entre l'écriture véritable de M. le
Maréchal, & l'écriture des lettres & des billets, démontrent
donc que les lettres & les billets n'ont pas été calqués. Ce
raiſonnement eſt déciſif & peut s'appliquer à toutes les obſervations des Experts. Donnons-en un exemple.

Ils remarquent que la *lettre* l *du mot Richelieu, dans les
huit ſignatures, eſt plus longue qu'il ne faut, & paſſe au - deſſous
des autres lettres ; que cette inégalité ne ſe fait point voir dans les
véritables ſignatures de M. le Maréchal, d'où il s'enſuit que les
huit ſignatures ſont fauſſes.* *

Mais il s'en ſuit donc auſſi que ces huit ſignatures n'ont pas
été calquées à la vître ſur une ſignature véritable de M. de
Richelieu, priſe pour modele ! car, la ſignature calquée ſeroit
reſſemblante à la véritable ; la copie auroit les traits du modele, & *l* ſeroit de la même longueur dans l'une & dans l'autre ,
ou bien, la ſignature véritable de M. de Richelieu avoit auſſi
la lettre *l* plus longue qu'il ne faut, & alors cette trop grande
longueur de *l* n'eſt pas une preuve de fauſſeté. Nous défions
publiquement M. le Maréchal, & tous ſes écrivains, Experts
ou non Experts, de faire à ce raiſonnement une réponſe qui
ſatisfaſſe le ſens commun.

Nous en diſons autant de l'orthographe différente que les
Experts remarquent entre l'écriture de comparaiſon & l'écriture
des lettres & des billets. Si ces lettres & ces billets avoient été
calqués ſur l'écriture de M. le Maréchal, ils en auroient néceſſairement la même orthographe : car il eſt abſolument impoſſible
de calquer ſans prendre l'orthographe de l'écriture qui ſert de
modele. En calquant un mot, on forme chacune des lettres qui
compoſent ce mot dans le modele ; or, cette formation des
mêmes lettres n'eſt-elle pas eſſentiellement la même orthographe ? ...

Au refte, il eft poffible que l'écriture des lettres & des billets foit de la main de M. le Maréchal, & néanmoins très - différente de l'écriture faite par M. le Maréchal, pour fervir de piece de comparaifon(1). N'étoit-il pas le maître de changer fon caractere dans ce corps d'écriture ? Vingt & une lignes qu'il a écrites pour la forme, dans la pofition qu'il a voulu choifir, avec les précautions qu'il lui a plu d'imaginer, font-elles une piece bien authentique, bien configurée de la maniere dont il écrit ordinairement ? Pourquoi ne pas prendre pour pieces de comparaifon des lettres, ou tous autres actes écrits par lui, fans deffein, & étrangers à fon procès? Qui répondra que les vingt-une lignes faites pour cet unique objet, ne font peut-être pas elles-mêmes diffemblantes avec fon écriture, faite dans d'autres temps & pour toute autre caufe ?... Mais non ; ce vil artifice eft trop au-deffous de lui. Cependant, quand on réfléchit à quelques fingularités qui fe font remarquer dans ce corps d'ecriture, quand on confidere l'orthographe barbare qui y eft employée, on ne fçait plus qu'en croire. En voici un exemple : le mot cinq s'y trouve écrit ainfi, *Cinque*. Quoi ! M. le Maréchal de Richelieu, Doyen de l'Académie Françoife, auroit habituellement cette maniere d'écrire, & elle ne feroit point de fa part une affaire de circonftance?... Nous laiffons ce problême à réfoudre à M. le Maréchal lui-même ; & nous le prions de dire fi c'eft à fon efprit ou à fon cœur qu'il veut que l'on attribue cette orthographe italienne.

Nous pourrions multiplier à l'infini ces remarques fur le rapport des Experts, tant il eft rempli d'ignorance, de mauvaife foi & de contradictions ! Elles n'échapperont pas fans doute

---

(1) Au lieu de choifir pour pieces de comparaifon des lettres, ou toute autre écriture de M. le Maréchal, faites avant fon procès, on lui a fait écrire au Châtelet 21 lignes qui ont fervi de comparaifon. Il n'eft perfonnes qui ne fentent que ces 21 lignes peuvent bien fe reffentir du motif qui les faifoient écrire.

aux Magistrats éclairés qui ont ce rapport sous les yeux, & ils verront sans peine qu'il n'est que l'ouvrage de l'erreur & l'effet de la séduction. Ils seront révoltés de voir ces Experts plus que suspects s'ériger en Juges & prononcer du haut de leur tribunal inique, sur des objets qu'ils ne peuvent ni sçavoir ni connoître. Ils seront révoltés de les entendre affirmer que * *la mesquinerie du papier sur lequel sont écrites les lettres, est une preuve de leur fausseté, parce que, disent-ils, il n'entrera jamais dans la tête d'un homme qui pense, qu'un Maréchal de France, qui sçait les usages & qui n'ignore pas les égards que l'on doit à une dame de condition, lui écrive tantôt sur du grand & du petit papier, tantôt sur une feuille simple, &c.*

* Voyez rapport de Paillasson.

Quoi ! des Maîtres Ecrivains sçavent les usages, ils se mêlent des usages, ils parlent des usages ! ils décident quels sont les égards qu'un Maréchal de France doit à une femme de qualité ? Quel impudent délire ! Et comment sçavent-ils que *la mesquinerie du papier* n'est pas familiere à M. le Maréchal de Richelieu ? Comment sçavent-ils que ce n'est pas sur *du petit papier*, sur du *papier simple* qu'il écrit *aux dames de condition* ? Comment sçavent-ils jusqu'à quel point il peut manquer *aux usages* & ignorer les *égards* qu'il leur doit ? Pourquoi parlent-ils de tout cela ? Le rapport des étiquettes & des usages est-il donc de leur métier ? Ils sont plus que suspects encore, quand ils donnent pour preuve de fausseté des lettres, que *les stampettes de grande & de petite poste ne s'y font point voir* *.

* Ibid.

Comme si des lettres portées la plupart, de l'Hôtel de Richelieu au Couvent de la Miséricorde, par un laquais de M. le Maréchal, étoient timbrées à la grande ou à la petite poste ! comme si ce n'étoit pas sur les enveloppes de celles qui ont été envoyées par la poste que se trouvent ces stampettes, & non sur les lettres elles-mêmes ! Ils sont plus que suspects aussi,

quand

quand ils apportent en preuve de la fauſſeté des lettres que *le cachet de M. le Maréchal ne s'y fait point voir , mais au contraire une tête imaginaire , avec de la cire rouge.* * Qu'eſt-ce qu'une tête imaginaire ? Qui leur a dit que M. le Maréchal ne cachetoit pas les lettres qu'il écrivoit à Madame de Saint-Vincent avec *une tête imaginaire* , avec un cachet de fantaiſie ? Et pourquoi M. le Maréchal ne ſe ſerviroit-il pas de *cire rouge ?* . . . . La patience échappe à réfuter tant d'impertinentes bévues : quittons , quittons enfin ce rapport impoſteur , & ne craignons pas qu'il faſſe preuve contre Madame de Saint-Vincent. 1°. Un rapport d'Experts , quel qu'il ſoit , n'opere point une conviction légale. 2°. Celui-ci ne tranche point la queſtion ſoumiſe au jugement de la Cour. 3°. Il eſt impoſſible d'en conclure que les lettres & les billets ſont faux. C'eſt ce que nous avons démontré , en analyſant les preuves phyſiques de M. le Maréchal. Parcourons à préſent ſes preuves morales , & voyons ſi elles ne ſont pas auſſi des ſophiſmes & des menſonges.

*Ibid.

PREUVES MORALES.

C'eſt par des déclamations & des injures que M. le Maréchal ouvre la carriere de ſes preuves morales. *Les faux multipliés dont Madame de Saint-Vincent eſt convaincue* * , dit-il , *la font préſumer capable d'un crime du même genre :* la font préſumer ! mais on nous annonce des preuves , & l'on nous donne des préſomptions ! *capable d'un crime.* Ce n'eſt pas de quoi il s'agit. Il faut démontrer que Madame de Saint-Vincent eſt réellement coupable , & non pas qu'elle eſt capable de l'être. Et quels ſont ces faux multipliés qu'elle a commis ? Qu'a-t-elle fait pour qu'on ait le droit de la croire capable de fabriquer

*Page 109.

E

douze billets, douze bons pour, & vingt-deux lettres ? *Toutes les époques de fa vie* * *font marquées par des faux ; elle n'exifte que pour des faux ; fon ame en eft nourrie ; toutes fes actions, toutes fes paroles font des fauffetés prouvées ou même avouées :* il y a loin de ce langage groffiérement emphatique à celui de la vérité, & de telles injures n'aviliffent que ceux qui les difent.

M. le Maréchal s'eft permis, dans cette affaire, des injuftices & des vexations de tout genre. Une inquifition féroce a été établie à grands frais contre Madame de Saint-Vincent, & l'on a fait une information févere de toutes les actions de fa vie, même de celles qui font indifférentes au procès. Qu'en eft-il réfulté ? des menfonges avérés, des faits non prouvés, mais rien qui faffe préfumer Madame de Saint-Vincent capable du crime dont on l'accufe.

Le fieur Antoine, Médecin de Milhaud, dépofe que Madame de Saint-Vincent * lui remit une lettre, par laquelle M. le Maréchal promettoit s'intéreffer à lui, pour lui procurer une place dans un Hôpital Militaire ; qu'ayant comparé cette lettre avec une autre lettre écrite par M. le Maréchal au Corps Municipal de Milhaud, il s'apperçut qu'elle étoit fauffe, & qu'il la remit avec indignation à la femme-de-chambre de Madame de Saint-Vincent. Un Marchand de Poitiers dit * que Madame de Saint-Vincent defirant avoir une robe, qu'il ne vouloit lui fournir que fur un cautionnement, lui envoya, par la demoifelle Auvray, une lettre de la Prieure du Couvent de Sainte Catherine de Poitiers ; mais qu'il fut averti par un tiers que cette lettre étoit fauffe, & qu'il la rendit enfuite à Mademoifelle Auvray.

Il faut remarquer d'abord comment, dans l'une & dans l'autre dépofition, on a *rendu* les deux lettres : c'eft très-

* Page 110, 111, &c.

* Pages 8 & 9 du Mémoire.

* Page 26.

bien fait, fans doute, fans cela il eût fallu dépofer ces deux lettres, ce qui eût pu devenir embarraffant.

La dépofition du Médecin eft nulle de plein droit ; elle eft feule, ifolée, fur un fait dont il n'exifte la moindre trace nulle part ; elle a été reçue par un Juge fans commiffion, rédigée fur un cahier particulier, & elle n'eft revêtue d'aucune forme légale. Combien d'ailleurs eft abfurde, dans toutes fes circonf-tances, le fait qu'elle fuppofe ? Eh! depuis quand fabrique-t-on des lettres fans intérêt & fans motif ? Quel intérêt, quel motif pouvoit avoir Madame de Saint-Vincent à fabriquer une fauffe lettre pour le Médecin de Milhaud ? * *C'étoit,* dit-on, *pour fe procurer le foible avantage de paroître reconnoiffante.* Mais fi cet avantage eft *foible,* il ne fuffit pas pour déterminer à faire un faux ; mais pour *paroître reconnoiffante* , il ne falloit à Madame de Saint-Vincent que des promeffes & des paroles ; elle n'avoit pas befoin de fabriquer une lettre. Promettre d'écrire à M. le Maréchal ; dire que M. le Maréchal accorde-roit la grace demandée, eût fuffi fans doute pour tromper le Médecin. Pourquoi lui montrer une lettre ? Pourquoi en fa-briquer une ? Il dit avoir *comparé* cette lettre fauffe avec *une lettre* écrite par M. le Maréchal au Corps Municipal de Milhaud ; & à fa confrontation avec Madame de Saint-Vincent, il con-vient que *la lettre* au Corps Municipal n'étoit point de la main de M. le Maréchal, que la fignature feule étoit de lui. Or comment compare-t-on une écriture fauffe avec une écri-ture véritable de M. le Maréchal *qui n'eft pas de lui?* Et la feule fignature d'une lettre fuffit-elle pour faire une telle com-paraifon ? Cet Antoine, fans doute, ne cherche pas à dire des chofes vraies ni même vraifemblables ; toujours occupé de fon objet, il n'en veut qu'à fon Hôpital Militaire, & la recon-noiffance de Madame de Saint-Vincent ayant été *trop foible*

* Page 110.

E ij

pour le lui procurer, il penſe que celle de M. le Maréchal ſera plus active & plus puiſſante. En conſéquence il dépoſe.

Nous ne connoiſſons pas quelles ont pu être les vues du Marchand de Poitiers. On aſſure qu'il a reçu cent louis de M. le Maréchal ; mais c'eſt trop. Sa dépoſition eſt bien loin de valoir cette ſomme. Faite avec la plus grande mal-adreſſe, elle ne laiſſe appercevoir de toute part que des contradictions & des fauſſetés. En dépoſant il dit : *que c'eſt par Mademoiſelle du Sablé, Penſionnaire au Couvent de Sainte Catherine, qu'il apprit que la lettre de la Prieure, à lui envoyée par Madame de Saint-Vincent, étoit fauſſe ;* & à ſon récolement il convient *qu'il n'a pas oui-dire, par Mademoiſelle du Sablé, que cette lettre fût faite par Madame de Saint-Vincent, ſous le nom de la Prieure,* ne SACHANT POINT SI CETTE LETTRE ÉTOIT FA- BRIQUÉE OU NON. A ſa confrontation il avoue qu'il n'a jamais vu la Prieure, qu'il ne lui a jamais parlé ; & la fille Auvray, autre témoin de ce fait, dépoſe qu'étant dans la chambre de Madame de Saint-Vincent, elle s'apperçut que Madame de Saint-Vincent étoit fort triſte, parce que *Nerboneau étoit au parloir avec la Prieure, à qui il étoit venu parler de la lettre.* A cette duplicité de langage, on connoît ſans peine la ſéduc- tion & l'impoſture des témoins, mais rien qui faſſe préſumer Madame de Saint-Vincent capable du crime dont on l'accuſe.

« Il eſt d'autres faux, continue M. le Maréchal, bien plus » graves que ceux du Médecin & du Marchand ; pour ceux- » ci Madame de Saint-Vincent ne les niera pas, ils ſont prou- » vés au procès, & elle les a avoués elle-même dans ſes inter- » rogatoires : 1°. elle a ſuppoſé entretenir une correſpon- » dance avec Peixotto, quoiqu'elle n'écrivit pas à ce Ban- » quier ; elle a même envoyé ces lettres de Peixotto au ſieur » de Vedel, & ces lettres ne ſont pas de Peixotto ; elles ſont

» avouées fauffes. 2°. Au bas du mandat qu'elle prétend fait
» par le Maréchal , fe trouvoit l'acceptation du fieur
» Peixotto , fur qui étoit tiré le mandat, & jamais le fieur
» Peixotto n'a accepté ce mandat, jamais il ne lui a été pré-
» fenté : cette acceptation & la fignature font fauffes & avouées
» fauffes * ».

Il ne faut qu'éclaircir ces faits pour réfoudre la difficulté
qu'ils préfentent. Madame de Saint-Vincent avoit quitté Milhaud & Tarbes , malgré l'oppofition de toute fa famille, &
s'étoit retirée à Poitiers par les Confeils de M. le Maréchal.
Là , elle recevoit de lui l'affurance d'une grande fortune ; mais
en attendant elle manquoit de tout & elle eut recours à des
emprunts. M. de Vedel , Major du Régiment Dauphin , alors
en garnifon à Poitiers , fournit à ces emprunts, & prêta fuc-
ceffivement à Madame de Saint-Vincent les fommes dont elle
avoit befoin. Pour caution, pour certitude qu'il feroit rem-
bourfé dans peu, Madame de Saint-Vincent lui fit voir les
lettres de M. le Maréchal, il les lut & il les trouva remplies
de promeffes d'argent. Souvent il vit arriver de ces lettres par
la pofte ; fouvent il porta lui-même à la pofte les réponfes de
Madame de Saint-Vincent, & de-là eft venue la certitude qu'il
a de la vérité des promeffes & des billets de M. le Maréchal,
certitude que M. le Maréchal a redoutée, & dont il n'a pu
éviter le témoignage qu'en imputant à un Militaire , généra-
lement eftimé, une complicité chimérique & abfurde.

La fortune du fieur de Vedel étoit trop bornée pour qu'il ne
fentît pas le befoin des fommes dont il s'étoit privé pour Madame de Saint – Vincent. Dans le dérangement & la gêne que
cette privation lui caufoit, il la pria de vouloir bien faire tous
fes efforts auprès de M. le Maréchal , pour qu'il réalisât enfin
quelques-unes des promeffes dont il étoit fi prodigue envers

*Pages 110, 30, 31, 38, 39, 40, & fuiv.

elle, & pour qu'elle - même pût acquitter les fommes qu'elle avoit empruntées fur la foi de fes promeffes. Ses inftances auprès de M. le Maréchal aboutirent à de nouvelles promeffes de fa part ; il alloit, dit-il, donner des ordres à fon Banquier, l'argent alloit arriver ; mais ces nouvelles promeffes avoient le fort des premieres. C'eft alors que Madame de Saint - Vincent imagina de calmer au moins l'impatience de M. de Vedel, à qui tous ces délais donnoient de l'inquiétude. C'eft alors qu'elle lui écrivit qu'elle étoit en correfpondance avec le fieur Peixotto, & afin que le fieur de Vedel ajoutât foi à cette correfpondance, elle lui envoya, comme des lettres de Peixotto, des lettres qui n'étoient pas de ce Banquier.

Nous fommes bien éloignés, fans doute, de vouloir juftifier cette conduite de Madame de Saint - Vincent. La vérité doit toujours être refpectée, fon langage eft le feul qu'il foit permis de parler, & de quelques prétextes, de quelques excufes que l'on cherche à colorer un menfonge, il ne peut trouver grace aux yeux de la raifon & de la vertu. Mais néanmoins il eft une différence énorme entre un menfonge & un faux. La Juftice s'inquiette peu des menfonges ordinaires, qui ne peuvent avoir aucun effet nuifible dans la fociété, mais elle réprime, mais elle punit les fauffetés dangereufes qui troublent la fortune, le repos, la liberté ou la réputation des citoyens. Or la fuppofition d'une correfpondance avec le fieur Peixotto eft-elle de la part de Madame de Saint- Vincent un menfonge indifférent ou un faux puniffable ? vouloit - elle tromper ce Banquier ? vouloit-elle lui efcroquer de l'argent ? vouloit-elle faire ufage contre lui ou contre quelque autre de cette correfpondance fictice ? Non, fon but véritable, fon but unique étoit de tranquillifer le Sr de Vedel, de faire ceffer fon impatience, & de calmer fes inquiétudes. Semblable à un débiteur qui cherche à raffurer un créancier & à gagner du tems, mon Banquier, dit-il, doit en peu me compter de l'argent; je lui ai écrit; il m'a répondu qu'il me l'enverroit inceffamment. Tenez, voilà fa lettre, lifez-la. Tel Madame de Saint-Vincent s'efforçoit de diminuer les craintes d'un créancier que le befoin où il fe trouvoit lui même rendoit impatient. Mais jamais elle n'eut intention de faire un faux, jamais elle ne penfa que ce petit ftratagème fût un faux, elle le confidéroit fous un point de vue bien différent, & fimplement comme un moyen de raffurer le fieur de Vedel. Que l'on n'approuve point cette démarche inconfidérée, on aura raifon fans doute; mais il faut être jufte, & ne pas ériger en crime de faux, ce qui n'en eft pas un.

« Mais la même main qui a produit des fauffes lettres du » fieur de Peixotto, aura produit de fauffes lettres de M. de » Richelieu. La fauffeté de la correfpondance avec Peixotto, » démontre la fauffeté des promeffes de M. le Maréchal à » Madame de Saint-Vincent; & Madame de Saint-Vincent » aura fuppofé des lettres & des promeffes de M. le Maréchal, » comme elle a fuppofé celles de Peixotto *?

* pag. 126,
& fuivantes.

Tout au contraire. La fuppofition de la correfpondance avec Peixotto, n'eft fondée que fur la certitude des promeffes & des lettres de M. le Maréchal. Ce n'eft que parce que M. le Maréchal faifoit des promeffes d'argent, ce n'eft que parce que fes lettres parloient de Peixotto que Madame de Saint-Vincent connoiffoit le nom de ce Banquier, & qu'elle fimuloit vis-à-vis le fieur de Vedel une correfpondance avec ce Banquier. Pourquoi auroit-elle dit qu'elle écrivoit à Peixotto, pourquoi auroit-elle fuppofé des réponfes de Peixotto, fi ce Peixotto n'eût pas été l'homme indiqué par M. le Maréchal pour remplir les engagemens qu'il avoit contractés avec elle? M. de Vedel connoiffoit les promeffes de M. le Maréchal, il avoit lu fes lettres; il y avoit donc trouvé le nom de Peixotto, fans cela ce nom de Peixotto n'eût pas été employé pour calmer l'impatience du fieur de Vedel. Cette fauffe correfpondance avec Peixotto établit donc la certitude des promeffes faites à Madame de Saint-Vincent, & préfuppofe néceffairement les lettres de M. le Maréchal vues & connues de M. de Vedel ; mais fi M. de Vedel a été inftruit des promeffes de M. le Maréchal, s'il a vu les lettres contenant ces promeffes, ces lettres & ces promeffes font donc vraies ? Or il dit qu'il a vu les lettres, il affirme qu'elles contenoient des promeffes.

Oh ! s'écrie M. le Maréchal, fon témoignage eft fufpeét, il a connu le faux ; il y a coopéré ; il eft complice .

Prenez garde. Si M. de Vedel eft complice, il n'ignoroit pas que les lettres de M. le Maréchal étoient fauffes ; il ne les avoit pas vu arriver de la pofte ; il n'avoit point porté lui-même les réponfes à la pofte ; il fçavoit que toutes ces lettres étoient l'ouvrage de Madame de Saint-Vincent : mais en ce cas, Madame de Saint-Vincent auroit-elle fuppofé, vis-à-vis lui, une correfpondance avec Peixotto , lui auroit-elle dit qu'elle écrivoit à Peixotto ; que Peixotto lui apporteroit bientôt de l'argent, conformément aux promeffes de M. le Maréchal ? Quoi ! les promeffes de M. le Maréchal n'exiftent pas, les lettres qui les annoncent font fauffes, M. de Vedel le fçait , il eft complice du faux de ces lettres & de ces promeffes, & c'eft à lui que l'on mande que ces promeffes vont enfin être réalifées ; que l'homme indiqué pour leur exécution va enfin apporter l'argent, c'eft à lui que l'on écrit, comme fi tout cela étoit vrai, comme fi la vérité de tout cela étoit établie dans fon efprit & dans fon cœur, à lui qui eft de moitié de toutes ces fauffetés , à lui qui en connoît toutes les manœuvres, à lui qui les dirige peut-être, à lui en un mot qui eft le témoin, l'agent, le complice du faux de ces lettres & de

ces

des promeſſes ! Quelle démence ! De telles abſurdités peu-vent-elles ſéduire ? Non. .. Les perſonnes honnêtes verront que cette correſpondance ſimulée, quelque blâmable qu'elle ſoit en elle-même, eſt une preuve ſans réplique que le ſieur de Vedel avoit vu les lettres de M. le Maréchal de Richelieu, & que dans ces lettres il étoit queſtion d'argent & de Pei-xotto; elles verront que le ſieur de Vedel, qui avoit pris toutes les précautions imaginables pour s'aſſurer de la vérité de ces lettres, en étoit convaincu, & qu'il y croyoit réellement; elles verront que les menſonges mêmes de Madame de Saint-Vincent prouvent qu'il étoit de bonne foi. Mais s'il étoit de de bonne foi, il n'eſt point complice ; mais s'il n'eſt pas com-plice, ce qu'il a vu eſt donc vrai, ce qu'il dit eſt donc vrai, les lettres de M. le Maréchal qu'il a lues ſont donc vraies, les promeſſes de M. le Maréchal contenues dans ces lettres ſont donc vraies; mais ſi tout cela eſt vrai, M. le Maréchal eſt donc. . . . Epargnons-lui la conſéquence, & paſſons au ſecond fait, il n'eſt pas plus difficile à réſoudre.

2°. Arrivée à Paris, Madame de Saint-Vincent voyoit quelquefois la dame de Saint-Jean ſa compatriote. Bientôt il s'établit entre elles une intimité aſſez grande. Dans les entre-tiens qu'elles ont enſemble, Madame de Saint-Vincent parle à la dame de Saint-Jean des liaiſons qu'elle avoit formées avec M. le Maréchal. Elle lui raconte comment ce Seigneur, alors tout-puiſſant, avoit eu le crédit de l'arracher à ſon Couvent de Milhaud, & de la conduire, malgré la réclamation de ſes parens, à Tarbes, à Poitiers & à Paris. Elle ne lui laiſſe pas ignorer qu'elle en a reçu de grands bienfaits, & elle lui fait voir un mandat de 100000 écus par lui ſouſcrit en ſa faveur. A cette confidence la cupidité de la dame de Saint-Jean s'éveille, elle redouble d'amitié & de careſſes, & elle fait mille inſtances à

Madame de Saint-Vincent, pour qu'elle lui remette ce mandat : elle le confervera avec foin, elle ne le négociera pas, perfonne n'en aura connoiffance, & cependant elle pourra lui prêter fur ce mandat l'argent dont elle aura befoin. D'abord Madame de Saint-Vincent héfite, mais elle a befoin d'argent, mais elle en emprunte de la dame de Saint-Jean, il faut céder, & lui confier enfin ce mandat. Cependant comme la bonne foi de la dame de Saint-Jean n'eft pas à toute épreuve ; comme elle pourroit être tentée de négocier ce mandat, Madame de Saint-Vincent imagine d'imprimer fur ce mandat un caractere qui puiffe en empêcher la négociation, de maniere pourtant que ce mandat ne foit pas entiérement défiguré, & qu'elle puiffe elle-même, quand elle le voudra, faire difparoître ce figne réprobateur. Dans ce deffein elle prie le fieur Canron d'écrire ces deux mots, *accepté*, *Pefchot*, tout au bas du mandat, de façon que ces mots puiffent fe couper, & le mandat refter en entier.

Les foupçons de Madame de Saint-Vincent n'étoient pas injuftes. A peine le mandat étoit-il au pouvoir de la dame de Saint-Jean, que le fieur Dumas fon ami vôle chez le fieur Julien, Banquier, correfpondant du fieur Peixotto, & lui préfente ce mandat à acquitter. Quelle fut la furprife du négociateur, lorfque le fieur Julien lui répondit, que ce n'étoit point là la fignature du fieur Peixotto, mais une fignature évidemment fuppofée ? Quel frein à la cupidité de la dame de Saint-Jean & à la fienne ! comme il eft humiliant d'avoir manqué à la confiance, à l'honnêteté & à la délicateffe, fans en retirer le moindre avantage ! Quand la dame de Saint-Jean dit aujourd'hui que le mandat ne lui avoit été remis par Madame de Saint-Vincent que pour qu'elle le livrât à la négociation, elle dit un menfonge groffier & impoffible à foutenir. Madame de

Saint-Vincent qui avoit fait écrire ce faux *accepté Pefchot*, n'ignoroit pas qu'il n'étoit revêtu d'aucun caractere de vérité ; elle fçavoit que le fieur Canron avoit écrit ces deux mots de fa main, de fon écriture ordinaire, fans chercher ni à déguifer la fienne, ni à contrefaire celle d'un autre ; elle fçavoit que l'on n'avoit pas même fuivi l'ortographe du nom de Peixotto ; elle fçavoit que perfonne au monde ne pouvoit y être trompé. C'eft une vérité établie au procès, le fieur Julien a affirmé, à fa confrontation avec Madame de Saint - Vincent, *que cette fignature n'étoit ni contrefaite ni imitée*. Et le Sr Dumas lui-même a été forcé de convenir *de ce qui a été dit par le fieur Julien , parce qu'en effet la fignature de Peixotto mife au bas du mandat, ne reffembloit en aucune maniere aux véritables fignatures du fieur Peixotto , que le fieur Julien lui fit voir* *. Or il eft impoffible que la négo-ciation de ce mandat ait été ordonnée par Madame de Saint-Vincent, puifqu'elle connoiffoit tous les moyens d'empêche-ment qui en étoient inféparables, & il eft évident qu'elle ne peut être que l'ouvrage de l'ignorance & de l'avidité de la dame de Saint-Jean.

Telle eft l'origine de ce fameux *accepté Pefchot*, dont M. le Maréchal fait grand bruit , mais duquel il ne doit efpérer aucun fuccès : il n'eft point un faux, il n'eft point une preuve de faux.

Nous l'avons déja dit : une fauffeté qui n'attaque en aucune maniere la fortune ni l'honneur des citoyens, eft un men-fonge & n'eft pas un faux. Un faux fe médite, fe calcule, s'exécute dans la vue d'en tirer quelque avantage ; l'intérêt, l'orgueil, la vengeance, toutes les paffions peuvent l'infpirer, & il a toujours quelques-unes de ces paffions pour but ; mais une fauffeté qui n'en veut à perfonne, une fauffeté qui ne projette aucun fuccès nuifible, une fauffeté qui a pour objet un motif léger & défintéreffé, une telle fauffeté n'eft point un faux ; elle eft une fuppofition gratuite, blâmable fans doute aux yeux de la vertu & au tribunal de la confcience ; mais elle n'eft pas foumife aux regards de la Juftice, elle n'eft point un crime. La fauffeté qu'a commife Madame de Saint-Vincent en faifant écrire, *accepté Pefchot*, au bas d'un mandat qui étoit à elle, eft de ce dernier genre. Ce faux *accepté* ne fut point écrit pour fervir à des deffeins pervers. Madame de Saint-Vincent ne vouloit pas en faire ufage pour féduire & tromper ; elle n'en vouloit tirer aucun parti contre Peixotto, ni contre aucun autre particulier. La preuve en eft inconteftable, & s'établit par la maniere même dont fut écrit cet *accepté Pefchot*. La main qui traça ces mots ne s'appliqua ni à déguifer fon écriture, ni à contrefaire celle d'un autre ; elle ne fuivoit pas même l'orthographe du nom de Peixotto, quoique ce nom ne fut pas inconnu à Madame de Saint-Vincent. Le mot *Pefchot* qui n'eft le nom du Banquier que dans la prononciation, fortoit de la plume de Canron, fans déguifement, fans affectation, fans myftere, fans deffein, comme tout autre mot inutile ou indifférent. Eft-ce donc-là la marche d'un fauffaire ? Quand on fait un faux, y imprime-t-on à deffein tous les caracteres qui peuvent le faire reconnoître ? Si Madame de Saint-Vincent eût voulu tromper quelqu'un par une fauffe acceptation, *Pefchot*, l'eût-elle faite de maniere à ne pouvoir tromper perfonne ? Eût-elle pris au hafard la premiere écriture qui fe trouvoit près d'elle, une écriture ordinaire non déguifée, non contrefaite, fi elle avoit voulu repréfenter l'écriture véritable de Peixotto ? Si elle eût voulu fe fervir du nom de Peixotto, eût-elle défiguré & tronqué ce nom par une orthographe ridicule ? Ce qu'elle a fait n'eft donc pas un faux ? Ce qu'elle a fait ne prouve pas qu'elle foit capable de faire des faux ; il y a plus : de cela même il résulte évidemment qu'elle n'a **point** fait le faux dont l'accufe M. le Maréchal de Richelieu.

On fe rappellera fans peine que le faux dont elle eft accufée, fuppofe en elle une grande étendue d'idées, une longue fuite de combinaifons, une patience invincible, une dextérité merveilleufe : elle fçait contretirer des fignatures, elle calque des *bons pour*, elle fabrique des lettres, elle eft une fée dans l'art des fauffaires ; mais fi elle a fait douze billets, douze *bons pour* vingt - deux lettres de M. le Maréchal, elle pourra donc fabriquer quand elle le voudra, & avec la même adreffe, la fignature de Peixotto. Pour elle, cette opération ne fera qu'un jeu. Elle a tout ce qu'il faut pour cette contrefaction. Deux fois elle a écrit à Peixotto pour lui demander cinquante louis à emprunter ; & M. le Maréchal nous apprend *que * Madame de Saint-Vincent n'avoit propofé cet emprunt à Peixotto, que dans l'intention de fe procurer de fon écriture ;* elle a auffi des modeles de contrefaction ; & c'eft encore M. le Maréchal qui nous l'apprend. *La Juftice ne doutera pas un inftant, dit-il, que les lettres qu'elle a eu l'adreffe de tirer du fieur Peixotto, n'aient fervi de modele à cette fauffe acceptation *.*

* Page 32.

* Page 44.

La voilà donc cette femme atroce à qui les faux ne coûtent rien, cette femme habile qui fait des faux avec tant d'art ; la voilà fur le point d'en faire un ; elle le fouhaite, elle le defire ; il eft néceffaire à fes projets ; elle a pris toutes fes précautions pour y réuffir ; toutes fes batteries font prêtes ; elle va les mettre en œuvre : foyez attentifs & voyez comment elle opere. Mais quoi ! cette main fi propre aux faux, cette main fi exercée & fi familiere avec les faux, va chercher au loin une main étrangere, & ne fe fert point des rares talens qu'elle poffède elle-même ? Cette écriture qu'elle ne *s'eft procurée que dans l'intention de la contrefaire*, elle ne la contrefait pas , elle y en fubftitue une autre prife au hafard , fans pré-caution & fans choix ? Ces fignatures véritables qu'elle a eu l'adreffe de fe choifir pour modeles , elle ne les copie pas , elle n'en imite ni la forme ni les traits, elle n'en prend pas même l'orthographe, elle forge la fignature d'un autre nom ! Et ce feroit la même femme qui auroit fait des fignatures fauf-fes de M. de Richelieu , d'une maniere fi reffemblante aux véritables ; qui avec des mots épars , pris çà & là , auroit fa-briqué des lettres entieres & en grand nombre ; qui auroit pouffé cette reffemblance jufqu'au point d'induire en erreur l'Avo-cat, le Procureur, le Notaire, l'Intendant, le Secrétaire de M. le Maréchal ; qui auroit fçu donner, en un mot, au plus grave , au plus difficile de tous les faux , des caracteres de vérité , frappans & inimitables ?... On ne le croira pas : la mala-dreffe du faux *Pefchot* ne peut fe concilier avec l'adreffe des faux *Richelieu* ; l'un feroit le chef-d'œuvre de l'art : il feroit le plus haut point de perfection où l'homme puiffe atteindre ; l'autre eft le barbouillage d'un imprudent écolier : il eft le comble de la gaucherie & de la bêtife. Non : la même caufe ne produit point des effets auffi différens , & tant d'artifice ne fut point donné à qui montra tant de maladreffe & d'i-gnorance.

Il eût fuffi , fans doute , de répondre en général que tous ces faits ne font pas foumis à la décifion de la Cour, que les let-tres d'Antoine , de Nerbonneau, de Peixotto, ainfi que le *faux accepte* , n'exiftent point , qu'elles ne font pas repréfentées , que conféquemment ils ne forment point un corps de délit , fans entrer dans la difcuffion de chacun de ces faits en particulier. Mais M. le Maréchal qui ne cherche qu'à faire oublier le fonds de fon Procès , tire avantage de toutes les étourderies de Ma-dame de Saint-Vincent. Mille bouches ont répété avec chaleur ces faux imaginaires, & les ont préconifés comme des démonftrat'ons évidentes du crime dont M. de Richelieu accufe Madame de Saint-Vincent. Les entendra-t-on parler encore de ces fauffes lettres de Pefchot, & vanter encore ce faux *accepté Pefchot*? Les préventions contre Madame de Saint-Vincent, qui font nées peut-être de ces deux faits, fubfifteront-elles encore ? Ne verra-t-on pas enfin, que loin d'être une préfomption contr'elle, l'un établit évidemment la bonne foi du fieur de Vedel, & cette bonne foi eft fondée fur la connoiffance la plus certaine & la plus intime de la vérité des promeffes & des lettres de M. le Maréchal ; l'autre prouve fans réplique que Madame de Saint-Vincent ne fçait point faire de faux, & que dans cet art perfide, elle eft fans connoiffance & fans talents.

Les préfomptions ne réuffiffent pas à M. le Maréchal ; elles ne font pas pour lui : gardons-nous de croire que fes autres preuves foient de meilleure trempe. Nous continuons à en faire l'analyfe & à y répondre.

* Page 109.

* *Les lettres & les difcours de Madame de Saint-Vincent la montrent occupée depuis long-temps d'un projet qui l'intimidoit elle-même, & qui ne peut être que le faux dont il s'agit. Pour fes difcours*, nous ne fçavons ce que c'eft ; à qui a-t-elle tenu ces difcours craintifs ? Qui les a entendus ? Qui les a racontés ? Où cela fe voit-il ? A cela il n'y a qu'une réponfe. Le fait eft faux.

Quand à ce qui concerne les lettres de Madame de Saint-Vincent à M. de Vedel... Mais au fouvenir de ces lettres, des pleurs amers coulent de mes yeux, & l'indignation s'empare de mon ame. Il n'eft donc plus rien de facré parmi les mortels ! Rien ne réfifte à un ennemi puiffant, & il peut outrager impunément la décence, les mœurs, la fûreté & l'honnêteté publiques. Eh ! de quel droit M. le Maréchal porte-t-il fes regards audacieux fur des myfteres qui ne font pas pour lui ? De quel droit arrache-t-il aux ténébres, d'une nuit profonde, des fecrets qui y étoient enfevelis à jamais ? Pourquoi déchire-t-il, d'une main barbare, le voile épais dont ils étoient couverts ? Pourquoi les expofe-t-il au grand jour ? N'étoit-ce pas affez qu'il défavouât les lettres qu'il a écrites, falloit-il encore enlever à une femme infortunée celles qu'elle écrivit elle-même ? N'étoit-ce pas affez que la trifte victime de fes perfécutions eût à fe défendre contre les lettres qu'elle a reçues de lui, falloit-il encore qu'elle eût à répondre à la Juftice de celles qu'elle écrivit elle-même dans les tranfports bouillans d'un cœur paffionné & d'une imagination en délire ?... Ce n'eft pas que ces lettres faffent preuve contre Madame de Saint-Vincent ; de tout ce qu'elles contiennent, il n'en peut pas naître un feul foupçon de calquage, pas le plus léger indice de faux. Malgré les interprétations tortueufes de la malignité la plus noire, elles ne préfentent rien qui puiffe étayer la calomnieufe accufation de M. le Maréchal. En vain cherche-t-il dans la multitude de ces lettres, quelques renfeignemens favorables à fon fyftême : fes yeux tout perçans qu'ils font, y découvrent à peine de loin en loin quelques mots, quelques phrafes, quelques petits paffages, encore faut-il les détacher du corps de la lettre, les ifoler, mettre des points, ufer de toutes les petites reffources de la mauvaife foi & de la fraude ; mais tous ces artifices feront fans fuccès. Les Juges ont ces lettres fous les yeux : s'ils penfent qu'elles faffent piece légale au Procès, c'eft dans ces lettres même, & non dans les citations de M. le Maréchal, qu'ils en chercheront le fens véritable, & ils auront bientôt décidé qu'il n'en eft aucun qui puiffe être adopté aux prétentions de M. le Maréchal.

Dans

Dans une de ces lettres, Madame de Saint-Vincent s'exprime ainſi : *J'ai un terrible pas à faire, je ne ſçai comment je m'y prendrai. Quel étoit donc ce pas terrible,* demande M. le Maréchal, *n'eſt-il pas évident que cette expreſſion ne pouvoit déſigner que le faux dont elle s'eſt rendue coupable ?*

Comment cela eſt-il évident ? Qui vous a dit, que *ce pas terrible* déſigne un faux ? Qui vous a dit que c'eſt à un faux que ſe rapporte cette expreſſion de Madame de Saint-Vincent ? Il n'y a pas un ſeul mot dans toute la lettre dont vous tirez ce paſſage qui puiſſe autoriſer le ſens que vous y donnez. De grace, comment êtes-vous ſi bien inſtruit ? N'eſt-il pas pour une femme d'une imagination vive, d'un eſprit actif, d'un cœur ſenſible pour une femme éloignée de ſa patrie, brouillée avec ſa famille, reléguée dans un Couvent, mille ſujets d'inquiétude, mille objets d'alarmes. Que d'événemens qui l'affligent ! Que de démarches qu'elle redoute ! De quelle foule de ſentimens ſon ame eſt aſſiégée tour-à-tour ! Et combien de ſentimens divers peuvent la faire s'écrier ! *Qu'elle ne ſçait comment s'y prendre, qu'elle a un pas terrible à faire...* Mais M. le Maréchal n'en veut pas tant ſçavoir. Il ajuſte cette phraſe à ſon ſyſtême de faux, il décide qu'il eſt évident que cette phraſe ſignifie un faux, & il ne voudra pas convenir qu'elle puiſſe ſignifier autre choſe quand même on lui dira ce qu'elle ſignifie en effet. Diſons-le lui pourtant. *Ce pas terrible* que Madame de Saint-Vincent avoit à faire, étoit de quitter Poitiers ſans payer ſes dettes. Elle ne ſçavoit comment s'y prendre pour cacher ſon départ, ou plutôt ſa fuite à ſes créanciers. Les conſeils de M. le Maréchal avoient bien pu la décider, mais ils ne la raſſuroient pas. Cette démarche avoit toujours pour elle quelque choſe de pénible &

G

Page 102.

d'effrayant. Non, Monfieur le Maréchal ne le croira pas. Il répondra que ne pas payer fes dettes, n'eft pas *un pas ſi terrible à faire*. Cela peut être ; mais qu'il déplore la manière de penfer de Madame de Saint-Vincent, car elle avoit réellement la petiteffe de croire que cela étoit embarraffant ! Et ce n'eft que cet embarras qu'elle exprimoit par cette phrafe.

M. le Maréchal prétend fans doute tirer de grands avantages d'une autre lettre où font ces mots : *huit jours après mon arrivée, tu auras de l'argent. J'aurai fait le tour du monde pour l'attraper. Milhaud d'abord où j'ai penſé l'avoir, Tarbes, Poitiers, Paris, c'étoit là le terme de nos malheurs dans les fecrets de nos deſtinées ; il faut y venir à ce point, & on tourne long-temps avant de le connoître.* Car il cite ce paffage en cinq ou fix endroits de fes Mémoires, mais nous ne ſçavons ſi c'eft-là une preuve qu'il croit être en fa faveur, ou bien une objection qu'il prétend nous faire. Nous ne voyons pas comment cela démontre qu'il n'a pas donné des billets & écrit des lettres à Madame de Saint-Vincent, ou que Madame de Saint-Vincent ait fait des lettres fauffes & des billets faux. Nous avons lu dix fois ce paffage, & nous n'avons pu y découvrir la plus foible conféquence à en tirer pour M. le Maréchal, ni la prévention la plus légère contre Madame de Saint-Vincent. Nous avons remarqué au contraire qu'aucune phrafe de cette lettre ne pouvoit fe concilier avec l'idée du faux des lettres & des billets. *Huit jours après mon arrivée, tu auras de l'argent.* Ou Madame de Saint-Vincent avoit en fon pouvoir les lettres & les billets prétendus faux lors de fon départ de Poitiers , ou elle ne les avoit pas. Si elle les avoit, elle n'alloit à Paris que pour les négocier *huit jours après ſon arrivée*, puifqu'elle promet de l'argent à cette époque. Pourquoi donc ne l'a-t-elle pas fait ? Pourquoi cette négociation n'a-t-elle été entamée que long-temps après ? Si elle ne les avoit pas , pour-quoi aller à Paris pour les fabriquer ? Et comment pouvoit-elle dire que des billets qu'elle alloit faire, lui donneroient de l'argent huit jours après son arrivée ? *J'aurai fait le tour du monde pour l'attraper.* Fait-on le tour du monde pour cal-quer des billets & des lettres ? Ne reste-t-on pas plutôt à la même place attaché près d'une vitre, occupé uniquement du calquage ? *Paris enfin, c'est-là le terme de nos malheurs , il faut y venir à ce point.* Pourquoi Paris seroit-il le terme des *malheureuses destinées* de Madame de Saint-Vincent ? Pourquoi faut-il venir à ce point ? Ne calque-t-on pas à Mil-haud , à Tarbes , à Poitiers , tout aussi-bien qu'à Paris ?

Autant le sens de cette lettre est ridicule dans la supposi-tion de M. le Maréchal , autant il est naturel & simple dans le système de Madame de Saint-Vincent. *Huit jours après mon arrivée tu auras de l'argent.* C'est-à-dire M. le Maréchal qui depuis si long-temps me promet de l'argent, ne pourra se refuser à m'en donner dès que je serai à Paris , & huit jours après je vous rendrai ce que je vous dois. *J'aurai fait le tour du monde pour l'attraper.* J'ai été conduite de Province en Province par M. le Maréchal qui m'a toujours flatté de l'espoir d'une fortune brillante. Cet espoir a été jusqu'à pré-sent sans effet ; mais il va enfin le réaliser, je vais à Paris. *C'est-là le terme de nos malheurs , il faut y venir à ce point.* M. le Maréchal ne me verra pas près de lui , sans s'oc-cuper de mon sort. Il ne résistera pas à mes sollicitations pressantes , mes malheurs finiront, &c. Voilà tout uniment le sens de cette lettre, & il est incroyable que M. le Maréchal la citer comme une preuve en sa faveur.

Dans une autre lettre se lisent ces mots: *tenez , je vous en-voye du caractere de cet homme ; vous verrez qu'il parle du*

*Maréchal, & que je le charge de toutes mes affaires à Paris.....
Confrontez les caractères. Voyez que cet homme est un homme
à M. le Maréchal, en qui j'ai la plus grande confiance & qui
a soin de toutes mes affaires, & qui les fait toutes. Je vous
envoie assez pour confronter les caractères. Il est inutile
pour ce que je vous prouve, que j'envoie une lettre entiere.
Je vous envoie deux lignes de la lettre du Maréchal de ce courier, vous verrez la lettre dans le tems.* M. le Maréchal prétend que cette lettre présente l'idée du projet le plus criminel *;
mais quel projet ! Nous n'avons pu le deviner encore, & nous
souhaiterions qu'il daignât enfin nous l'expliquer. *Tenez, je
vous envoye du caractere de cet homme.* Est-ce le projet d'un
faux ? Est-ce l'exécution d'un faux ? Est-ce le succès d'un faux
qui doit résulter *du caractere de cet homme ?* Il n'est que
deux manieres dont *le caractere de cet homme* puisse avoir
quelque relation avec les lettres & les billets. Ou pour servir
de modele au calquage, ou pour être lui-même un caractere calqué. Or ni l'une ni l'autre de ces deux suppositions ne
peut être admise. 1°. Madame de Saint-Vincent avoit sans
doute assez d'écriture véritable de M. le Maréchal pour ne
pas recourir à une écriture étrangere. *Le caractere de cet
homme* n'a donc pas servi de modèle ? 2°. L'objet de l'envoi
de ce caractere s'oppose à ce que l'on puisse le croire calqué
lui-même. C'est pour voir que cet homme parle de M. le Maréchal, que cet homme fait à Paris toutes les affaires de Madame de Saint-Vincent, que cet homme peut rendre les plus
grands services auprès de M. le Maréchal, que l'on envoye
de son caractere. *Vous verrez qu'il parle du Maréchal ....
Voyez que cet homme est un homme à M. le Maréchal en qui
j'ai la plus grande confiance qui a soin de toutes mes affaires, &
qui les fait toutes.* Ce caractere n'est donc pas calqué. Dans

* Page 113.

aucun fens, *le caractere de cet homme* ne peut s'appliquer à un faux ; il ne peut avoir aucun rapport avec un faux, & M. le Maréchal lui-même n'a pu parvenir à indiquer ce rapport. Voilà donc à quoi fe réduit tout ce que l'on a pu extraire de plus de 400 lettres écrites par Madame de Saint-Vincent au fieur de Vedel, à quelques phrafes entortillées, qu'avec tout l'art des fophiftes, on n'a pu accommoder au fyftême de M. le Maréchal. On n'y trouve ni projet, ni fabrication de faux, ni confidence, ni aveu de faux, ni rien qui puiffe avoir rapport à un faux. Si pourtant ce faux n'étoit pas une chimere, ces lettres en feroient le tableau fidele. Son origine, fes accroiffemens, fes combinaifons, fa marche, toutes les nuances poffibles, tous les plus petits détails y feroient peints trait pour trait. Oui, il eft impoffible que deux perfonnes qui fe confioient l'une à l'autre leurs fecrets les plus intimes, qui chaque jour épanchoient dans leurs lettres tous les fentimens de leurs cœurs, ne fe fuffent pas entretenues du faux qu'ils projettoient, & qu'ils exécutoient de concert, fi réellement ils euffent projetté & exécuté un faux. Que M. le Maréchal ne cherche donc plus dans les écrits de Madame de Saint-Vincent des preuves du faux qu'il lui impute ; puifqu'il n'en eft aucunes dans les lettres de Madame de Saint-Vincent au fieur de Vedel, il ne peut y en avoir nulle part. Quelques lettres cependant fourniffent encore matiere aux interprétations de M. le Maréchal.

Le 16 Juillet Madame de Saint-Vincent avoit reçu, par les mains du fieur Marion, une lettre de M. le Maréchal, qui étoit alors à Bordeaux. Cette lettre n'a point été confervée par Madame de Saint-Vincent, mais elle eft rapportée en entier par M. le Maréchal, qui a, comme on voit, une mémoire finguliere, & qui fe fouvient, quand il le faut, de toutes les phrafes, de tous les mots qui compofent fes lettres, comme il oublie, quand il le faut, & les mots, & les phrafes, & les promeffes contenues dans les lettres & les lettres elles-mêmes. Voici cette lettre, telle qu'elle eft rapportée par M. le Maréchal *. « *J'apprends avec étonnement, ma chere Cou-* » *fine, qu'il fe négoçie pour deux cens mille francs de billets* » *fignés de moi; ce qui m'étonne encore davantage, c'eft qu'on* » *m'a dit que vous étes mélée là-dedans, ce que je ne puis croire.* » *Je vous prie d'écouter avec bonté le fieur Marion, mon Inten-* » *dant, qui vous remettra cette lettre, & l'aider à déméler le* » *fil de cette friponnerie, que vous avez autant d'intérêt que* » *moi à ne pas laiffer impunie. Je ne vous parlerai pas d'autres* » *chofes dans cette lettre* ». Madame de Saint-Vincent n'a pas confervé, comme M. le Maréchal, un fouvenir parfait de tous les mots de cette lettre. Il en eft un pourtant qu'elle eft affurée de n'y avoir pas lu, celui de *friponnerie*. Il n'étoit certainement pas dans cette lettre; toutes les perfonnes à qui Madame de Saint-Vincent l'a fait lire, déclarent que ce mot ne s'y trouvoit point, mais à fa place celui de *maquignonnerie*. Madame de Saint-Vincent répondit fur le champ à cette lettre. Voici fa réponfe. « *Mon cher Coufin, je réponds vîte à votre* » *lettre, qui m'a caufé autant d'étonnement qu'à vous la nou-* » *velle de ces billets, & du nom de Madame de Saint-Vincent,* » *qu'on dit être mélée là-dedans, & que j'ignorois parfaitement.* » *J'envoie cette lettre à M. Marion, par une perfonne qui pourra* » *l'aider à découvrir quelque chofe, & j'embraffe mon cher Cou-* » *fin. Ecrivez-moi ce que vous apprendrez & aimez-moi tou-* » *jours; car je fuis bien fâchée contre ceux qui me nomment* » *fans me connoître* ». Quel avantage M. le Maréchal efpere- » t-il tirer de cette réponfe?

En recevant des billets de M. le Maréchal, Madame de

* Page 59.

Saint-Vincent avoit promis qu'elle ne les négocieroit pas avant un terme convenu. Le befoin d'argent l'avoit emporté fur fa parole, & elle les avoit livrés à la négociation avant ce terme. Elle avoit tort, il faut l'avouer, & M. le Maréchal étoit fondé à fe plaindre de cette négociation prématurée. Madame de Saint-Vincent le fentoit bien, & la lettre de M. le Maréchal, qu'elle reçut à cette époque, lui parut contenir des reproches amers fur cette négociation, mais il ne lui vint pas dans l'idée qu'elle pût contenir autre chofe. Qui ne l'eût penfé comme elle ? Qui n'eût regardé cette lettre, non comme un défaveu des billets, mais fimplement comme des reproches de ce qu'ils fe négocioient ? M. le Maréchal y paroît étonné ; & qu'eft-ce qui caufe fon étonnement ? Eft-ce de ce qu'il exifte des *billets fignés de lui ?* Eft-ce de ce que Madame de Saint-Vincent a en fon pouvoir des *billets fignés de lui ?* Non, mais de ce que les billets fignés de lui courent dans le commerce, de ce que ces billets fe négocient. *J'apprends avec étonnement,* quoi ? *qu'il fe négocie.* Que Madame de Saint-Vincent ait manqué à la parole qu'elle avoit donnée à M. le Maréchal de ne point négocier les billets qu'elle avoit reçus de lui ; qu'elle-même les livre à la négociation ; que cette négociation fe faffe par fes ordres & fous fon nom, c'eft ce qui étonne encore plus M. le Maréchal ; c'eft ce qu'il ne peut croire. *Ce qui m'étonne encore davantage, c'eft qu'on m'a dit que vous êtes mélée là-dedans, ce que je ne puis croire.* Sans doute que Madame de Saint-Vincent n'a point participé à une négociation qu'elle même doit réprouver, fans doute qu'elle n'aura autorifé en aucune maniere cette négociation perfide, elle aura été féduite, trompée, on aura abufé de fon nom, de fa confiance ; il faut qu'elle s'en informe, qu'elle prenne tous les renfeignemens poffibles, de concert avec le fieur Marion, pour en démêler le fil, pour que *cette maquignonnerie*, dans laquelle M. le Maréchal ne veut pas croire qu'elle foit entrée pour rien, ne refte pas impunie. Elle a à reclamer contre cette opération, puifqu'elle ne peut être fon ouvrage, autant d'intérêt que M. le Maréchal. *Je vous prie d'écouter avec bonté le fieur Marion, mon Intendant, & de l'aider à démêler le fil de cette Maquignonnerie, que vous avez autant d'intérêt que moi à ne pas laiffer impunie.* Tel eft le fens naturel que cette lettre préfente au premier coup d'œil, & qu'elle devoit préfenter néceffairement à Madame de Saint-Vincent; jamais elle ne pouvoit imaginer que ce fût là un défaveu des billets. Un défaveu! ah! cet odieux foupçon étoit loin de fon efprit & de fon cœur, elle l'en eût repouffé avec horreur, il étoit trop outrageant pour M. le Maréchal. Avoir reçu de lui des billets, des promeffes & des lettres, & croire qu'il défavoue fes promeffes, fes lettres & fes billets! non. Cet excès de baffeffe & de noirceur ne fe préfume pas, il faut en avoir acquis par une longue fuite de perfécutions l'affurance cruelle, & l'amefe refufe longtemps à adopter des idées auffi triftes & auffi décourageantes.

Madame de Saint - Vincent efperoit pouvoir dérober à la connoiffance de M. le Maréchal cette négociation qu'il lui reprochoit & dont il n'avoit encore aucune certitude; elle efperoit pouvoir engager au fecret les acquéreurs de ces billets, & pour s'épargner la petite honte d'avouer que réellement elle avoit manqué à la parole qu'elle avoit donnée de ne pas négocier les billets, elle feint fur cette négociation une ignorance profonde; elle en parle comme d'une chofe qui lui eft étrangere; elle répond *vite*, en termes vagues, & elle fait une lettre qui n'eft qu'amphigourique, mais qui ne peut être *un titre décifif*, comme le prétend M. de Richelieu. Penfe-t-il que fi Madame de Saint-

Vincent

Vincent eût regardé la lettre qu'elle reçut de lui comme un défaveu formel, elle n'y eût pas répondu avec la même fermeté qu'elle témoigna quelques jours après ? Inftruite enfin que M. le Maréchal nioit hautement lui avoir donné des billets, elle renonce à toute diffimulation. Elle écrit qu'elle a reçu de lui ces billets ; qu'elle eft incapable de les avoir faits ; qu'elle en foutiendra la vérité jufqu'au dernier moment de fa vie ; & qu'elle défendra avec courage fon honneur & celui de fa famille. Pourquoi n'eût elle pas tenu le même langage lors de la premiere lettre que lui écrivit M. le Maréchal ? Ah ! fi elle ne le tint pas dès lors, c'eft que cette lettre ne pouvoit lui paroître & ne lui parut point être un défaveu des billets, mais un reproche de ce qu'ils avoient été négociés. C'eft que ne pouvant juftifier cette négociation, elle craignoit de l'avouer, c'eft fur-tout qu'elle efperoit pouvoir encore réparer les torts de cette négociation trop prompte, la dérober à la connoiffance de M. le Maréchal & parvenir à diffiper fes foupçons. Auffi, dès cet inftant, toutes fes démarches ne tendent qu'à cet objet. Elle envoie prier, avec les plus vives inftances, les acheteurs de ces billets, de n'en point parler aux gens de M. le Maréchal. *Je n'ai pas dormi une minute*, écrit-elle à Benavent : *nous fommes perdus fi Rubit nous trahit. Il faut l'envoyer chercher de ma part ; & que, pour ma tranquillité, il vous faffe voir, ce matin, les trois billets ; enfuite, lui offrir encore de les retirer, en payant, & lui faire écrire & figner qu'il n'en parlera pas . . . . . .* On fait des informations, *écrit-elle dans une autre lettre ;* on a été chez cette femme : je me meurs ; allez avertir Rubit, & cédez-lui tout pour qu'il ne parle de rien . . .* Elle parle elle-même à Rubit ; elle le prie de lui remettre les trois billets, afin qu'elle puiffe les préfenter au fieur Marion ; & elle répond par écrit, ainfi que les fieurs de Vedel & Benavant, de

H

ce; billets qu'elle demande à Rubit : cette intention n'est pas équivoque. Ils annoncent, & M. le Maréchal nous l'apprend lui-même, * *qu'ils n'entendent que s'en rendre les dépositaires momentanés, à l'effet de pouvoir démentir, par la représentation qu'ils en veulent faire au sieur Marion, le soupçon des négociations.* Rubit se refuse à ces instances ; & Madame de Saint-Vincent finit par lui demander de vouloir bien, au moins, *dire au sieur Marion, en cas qu'il vînt l'interroger, qu'il avoit rendu les billets, & qu'ils n'étoient plus en sa possession.*

Ces démarches, ces discours de Madame de Saint-Vincent, ces lettres à Benavent, sont peintes, comme on peut croire, sous les couleurs les plus odieuses, & M. le Maréchal les représente comme des signes certains de la frayeur que le crime inspire, comme des preuves évidentes du faux des billets. Mais que l'on est dépourvu de raisons & de moyens, quand on est forcé d'employer tant de sophismes & de petits détours ! L'objet véritable, l'objet unique de Madame de Saint-Vincent, dans les démarches qu'elle fait, comme dans les lettres qu'elle écrit, ne peut échapper à personne : c'est de cacher à M. le Maréchal la négociation des billets, & non les billets eux-mêmes ; c'est de jetter sur cette négociation seulement, & non sur l'existence des billets, le voile du secret ; c'est de dissimuler une faute de délicatesse, un manque de procédé, un tort réel, la négociation enfin, & non d'ensevelir dans les ténebres un crime atroce, un forfait punissable, la fabrication de ces billets. La preuve en est palpable. Les billets que l'on demande à Rubit, n'est-ce pas pour les présenter au sieur Marion ? Et quand Rubit les refuse, ne lui recommande-t-on pas au moins de dire à Marion qu'il les avoit rendus, & qu'ils n'étoient plus en sa possession ? Mais si l'on avoit voulu cacher les billets, auroit-on cherché à *les présenter à Marion ?* Mais si on avoit voulu cacher les billets , auroit-on fait dire à Marion que Rubit ne les avoit plus , qu'il les avoit rendus ; & n'auroit-on pas dit au contraire que ces billets n'exiſtoient pas, qu'il n'y en avoit jamais eu, &c. ? . . . . . Nous demandons pardon aux lecteurs de leur préſenter des obſervations auſſi ſimples, & que ſans doute ils auroient fait, d'eux-mêmes, tout auſſi bien que nous. Ce n'eſt pas que nous nous défions de leur intelligence ; mais M. le Maréchal croiroit que l'on ne répond pas à tout ; & ſans s'informer de la cauſe de ce ſilence, il ne manqueroit pas d'en tirer avantage.

Il faut donc répondre encore à une autre lettre écrite au ſieur Benavent, quoique l'argument que l'on en tire ſoit incon-ſéquent & abſurde. *Souvenez-vous qu'il faut que je parte lundi, ſans cela je ſuis perdue, parce qu'on m'a avertie ; ainſi, je fais mes malles, & je pars : mais il me faut de l'argent de Charriot, & je ne comprends pas pourquoi il ne veut me le donner que mardi. Je ſuis dans une grande inquiétude, & vous étes tranquille. Je pars avec mon neveu : mais, encore un coup, pourquoi Charriot ne veut-il point remettre mon argent ? . . . . Je ſuis en vérité bien malheureuſe en tout : . . . . fais-toi donner cet argent, ou il faut que je ſois priſe.* « Ce billet n'a pas beſoin de » Commentaire, s'écrie M. le Maréchal ; * il peint naïvement » le projet de fuite de Madame de Saint-Vincent : or, la fuite » eſt une des preuves les moins équivoques du crime que le » coupable ſe reproche ».

* Page 71.

Cette fuite, pourtant, n'étoit pas pour aller loin. Madame de Saint-Vincent ſe propoſoit d'aller paſſer quelque temps à la campagne de M. le Marquis du Perrier. Mais quand elle auroit formé le projet d'une fuite véritable , que faudroit-il en conclure ? Si, après avoir livré à la négociation les billets qu'elle avoit reçus, avec défenſe de les négocier, Madame de Saint-

Vincent avoit craint que cette négociation, parvenue à la connoissance de M. le Maréchal, n'excitât en lui la plus furieuse colere : si Madame de Saint-Vincent, qui sait combien M. le Maréchal est emporté dans sa haine & prompt dans sa vengeance, eût craint qu'il ne se portât contre elle à des excès violens ; si, connoissant la disproportion énorme qu'il y a entre les ressources d'un homme puissant, & celles d'une femme isolée, sans fortune, sans crédit, reléguée au fond d'un cloître, Madame de Saint-Vincent eût craint cette lutte trop inégale ; si, ne pouvant se déguiser à elle-même les torts qu'elle avoit avec toute sa famille, Madame de Saint-Vincent en eût craint les reproches ; si Madame de Saint-Vincent avoit eu toutes ces craintes, lui en feriez-vous un crime ? Et si dans l'excès de ces craintes elle avoit conçu le projet de se souftraire par la fuite, ... mais ces craintes n'étoient pas fondées, réplique M. le Maréchal *; *dans son système, elle n'auroit eu à se reprocher qu'une négociation faite au mépris de la parole donnée à M. de Richelieu, & qui n'auroit été qu'un manque de procédé. Pouvoit-elle jamais appréhender que le Gouvernement daignât s'occuper d'une discussion de cette nature, & qui lui étoit si étrangere ?* Est-ce bien M. le Maréchal qui parle ainsi, lui qui a sollicité les ordres du Gouvernement pour cette affaire, lui qui a obtenu les ordres du Gouvernement pour cette affaire, lui qui, pour cette affaire, a fait ouvrir les portes de la Bastille, comme pour une affaire du Gouvernement ? Non sans doute, Madame de S. Vincent ne devoit pas craindre que le Gouvernement daignât se mêler de cette affaire. Une négociation de billets, des billets eux-mêmes, ne font point une affaire du Gouvernement : ces questions lui sont étrangeres ; & la connoissance en est réservée aux Tribunaux. Mais ne se trouve-t-il pas quelquefois de ces hommes orgueilleux, qui veulent que leurs querelles person-

* Page 73.

nelles deviennent des querelles d'Etat, qui renverfent toutes les barrieres, qui violent toutes les regles, qui tranfgreffent toutes les Loix, & qui fe jouent de la liberté, de l'honneur, & des droits les plus facrés des citoyens, dès qu'il s'agit de fatisfaire leurs defirs altiers? Ne fe trouve-t-il pas quelquefois des Miniftres faciles, qui, par foibleffe ou à caufe de la parenté, accordent des ordres? . . . . Madame de Saint-Vincent n'en craindroit pas aujourd'hui de femblables. Le Miniftre vertueux à qui eft confiée cette partie de l'adminiftration, connoît trop le prix de la liberté & l'empire des Loix. Mais alors . . . . les craintes de Madame de Saint-Vincent auroient été juftes ; & après que l'événement les auroit juftifiées, oferoit-on lui reprocherde les avoir eues ?

Les écrits de Madame de Saint-Vincent ne fourniffent aucune induction contre elle. Reftent enfin les preuves que l'on prétend tirer de fes interrogatoires, & des dépofitions des témoins.

L'article des témoins fera difcuté fort au long dans un Mémoire particulier qui ne tardera pas à paroître ; dans la foule de ceux qui ont été entendus, il en eft peu dont le témoignage ait quelque rapport avec les lettres & les billets ; ce petit nombre pourtant demande un ouvrage à part. Les dépofitions font fi fauffes, fi abfurdes, fi remplies de contradictions & de bévues, qu'il nous feroit impoffible de les relever toutes ici. D'ailleurs les témoins de M. le Maréchal font curieux à connoître : c'eft un tableau qu'il eft bon de préfenter au public avec tous fes détails, afin que l'on fache de quels gens M. le Maréchal fe fert. Ici l'on verra des femmes perdues de mœurs & de réputation ; là un prétendu Baron qui change à chaque inftant de nom comme d'état. Baptifé fous le nom de Julien, condamné à reftitution fous celui

†

de Caftelnau, chaffé des Gardes-du-Corps fous le nom de Dupuis-Caftelnau, décreté, banni fous celui de Roquetaillade , ce Baron Julien-Caftelnau-Dupuis-Caftelnau-Roquetaillade, qui eft tour-à-tour efcroc, chaffé, décreté, banni, ajoute enfin à tous fes titres la gloire de fervir de témoin à M. le Maréchal de Richelieu (2). Après lui paroîtra fur la fcène un témoin moins illuftre peut-être; il n'a encore que trois noms, Combettes-Deflandes-la-Caffaigne , mais digne affurément des mêmes égards , & pouvant prétendre aux mêmes exploits : c'eft un de ces petits importans qui, dévorés de l'ambition d'être ou de paroître quelque chofe, mendient baffement les regards des hommes puiffans, qui faififfent avec avidité toutes les occafions d'avoir l'honneur d'être leur valet, & qui, plus ils tombent dans l'abjection & l'opprobre, plus ils croyent s'honorer & s'élever. Cet homme aux trois noms a fondé de grandes efpérances fans doute fur le procès de M. le Maréchal de Richelieu; peut-être en attend-il un quatrieme. C'eft lui qui eft le recruteur des témoins de Milhaud : c'eft lui qui les cherche & qui les découvre ; c'eft lui qui les catéchife & qui les inftruit, il devine ce qu'ils doivent dire; il

____

(2) Ce Baron avoit efcroqué à M. Gauthier, Prêtre de Champeaux, des meubles & de l'argent , & il fut condamné à tout rendre par Arrêt du Parlement de Paris. Voyez un Mémoire fait à ce fujet, figné de Vermeil, Avocat.

C'eft un fait conftant qu'il a été chaffé des Gardes-du-Corps. Comment auroit-il pu refter, après une efcroquerie & un Arrêt, dans un Corps qui ne fouffre dans fon fein que des perfonnes d'honneur, irréprochables dans leurs fentimens & leur conduite.

La Sentence de la Chambre du Confeil de Villefranche en Rouergue, qui le décrete & le bannit pour trois ans, fera produite. Il eft encore dans les trois années fatales , & fi Monfieur le Maréchal avoit un procès à Villefranche, le véridique Roquetaillade n'iroit pas dépofer dans celui-là.

fçait ce qu'ils ont dit ; il affiege. fans ceffe le Juge qui les entend ; il s'inquiète, il s'agite, il fe tourmente, il parle , il écrit , il court la pofte : il n'a pas un inftant de repos depuis que ce procès eft commencé ; encore a-t-il fallu qu'il compofât une longue dépofition de tous les menfonges qu'il a pu imaginer , & de toutes les rapfodies qu'il eft allé ramaffer de côté & d'autre. Plus loin un Secrétaire officieux écrit à un homme détenu au Fort-l'Evêque , par ordre de M. le Maréchal , que s'il veut dire *ce qu'il fçait* de l'affaire de Madame de Saint Vincent , il pourra obtenir fa liberté *qui eft à ce prix*. Le prifonnier *dit ce qu'il fçait ; ce qu'il fçait* eft de défavouer ce qu'il avoit dit auparavant , & il obtient fa liberté ; ne penfez pas pourtant que M. le Maréchal foit inftruit de la lettre écrite par fon Secrétaire ; il l'ignore abfolument , & la preuve en eft que ce Secrétaire a eu grand foin de retirer la lettre des mains de celui qui l'avoit reçue , *de peur de fe trouver compromis lui - même vis - à - vis M. le Maréchal*, qui certainement ne le lui pardonneroit pas. Il eft vrai que la liberté du prifonnier dépend de M. le Maréchal , & non pas du Secrétaire : il eft vrai que pour régler les conditions de cette liberté , qui dépend de M. le Maréchal, le Secrétaire a dû recevoir ces conditions de M. le Maréchal lui-même : il eft vrai que pour mettre cette liberté *à prix* , il faut que le Secrétaire ait fçu de M. le Maréchal le taux auquel il vouloit la vendre. N'importe , M. le Maréchal ignore tout cela ; & le fait eft fûr, car fon Secrétaire Clermont le dit. On verra ce même Clermont fe laiffer émouvoir fur le fort du malheureux prifonnier, qui eft dans la mifere, & lui envoyer par pure charité neuf à dix louis. A la vérité ce prifonnier à langui pendant très long-tems dans cet état déplorable. Pendant tout ce tems le généreux Secrétaire n'a pas fongé à le fecourir. *La* fenfibilité de fon ame ne s'eft reveillée qu'au moment où le prifonnier devoit dire *ce qu'il fçait ;* n'importe, c'étoit là le moment de la grace. A la vérite le bienfaiteur du prifonnier a exigé de lui des quittances ou des reconnoiffances de l'argent qu'il lui a donné : n'importe encore; cet argent a été donné *par pure charité.* Tantôt on entendra le Notaire de M. le Maréchal, qui avoit reconnu les fignatures des billets lorfqu'elles lui furent préfentées avant le procès, les méconnoître aujourd'hui, *attendu,* dit-il *, *que lorfque l'on connoît l'état des chofes, il eft bien plus aifé de les voir comme elles DOIVENT ÈTRE VUES, que lorfque l'on eft pris à l'improvifte fans être prévenu de rien. Et il penfe que ces fignatures font fauffes, fur-tout à préfent QU'IL EST PRÉVENU contre ces fignatures.* Tantôt une femme qui a affirmé avoir vu Madame de Saint-Vincent contrefaire l'écriture de M. le Maréchal, convenir qu'elle ne connoît pas l'écriture de M. le Maréchal. Tantôt. . . . . . mais laiffons tous ces témoins, ils occuperont affez de place ailleurs : paffons aux interrogatoires.

Il n'eft pas temps encore de dire que ces interrogatoires préfentent un exemple effrayant de la prévention du Juge qui les a rédigés, qu'ils font une longue fuite de queftions captieufes, un enchaînement de fophifmes, le tiffu de la méchanceté la plus fine & la plus adroite; il n'eft pas temps de dire qu'ils font remplis de faits étrangers au procès & de détails indécens, que les injures & les outrages y font prodigués à Madame de Saint-Vincent; que les loix, l'humanité, la pudeur, la juftice y ont été violées & foulées aux pieds. Nous parlerons ailleurs de la maniere dont ont été faits ces interrogatoires fcandaleux ; il s'agit maintenant de ce qu'ils contiennent. Que trouve-t-on dans ces interrogatoires qui autorife à croire la fabrication des billets ? Renferment-ils quelques

* Voyez confrontation du fieur Dumoulin avec M. Préville.

quelques aveux de la part de Madame de Saint-Vincent? N'a-t-
elle pas tenu à ce fujet le langage le plus affuré, le plus uniforme, le plus invariable? N'a-t-elle pas toujours dit, toujours foutenu que les billets font de M. le Maréchal? qu'elle
les a reçus de M. le Maréchal? *Elle affirme, attefte & jure* * Page 27
qu'elle a reçu les billets en queftion de la part de M. le Ma- des interroga-
réchal, & plufieurs de la main à la main; qu'elle n'eft pas ca- toires impri-
pable de contrefaire une fignature & de vendre des billets fur une més.
fauffe fignature * : *elle jure en fon ame & confcience que M. le* * Pages 59 &
Maréchal lui a donné ces billets. Et lorfqu'elle eft accablée par 67.
la fatigue d'une inquifition mortelle, & par l'impitoyable prévention du fieur Bachois, elle tombe dans fon lit malade &
prefque mourante ; elle déclare qu'*elle veut fe confeffer* *, *qu'elle* * Page 47.
croit qu'elle mourra bientôt, & que fon ame étant difpofée à fe
confeffer, elle jure & protefte que le Maréchal de Richelieu lui
a envoyé les lettres & les billets qu'il argue de faux aujourd'hui.
Encore une fois, font-ce là des aveux? font-ce là des preuves
de faux ? Et quels avantages M. le Maréchal efpere-t-il tirer
de ces interrogatoires.

Le faux s'y manifefte de toute part, s'écrie M. le Maréchal,
dans toutes les parties de la fable que Madame de Saint-Vincent
débite : c'eft un tiffu monftrueux d'abfurdités, de contradictions * Pag. 109.
& de fauffetés palpables. *

Madame de Saint-Vincent n'avoit aucune fable à débiter,
aucune vérité à dire fur le fort des billets argués de faux par
M. le Maréchal ; c'eft à lui à prouver qu'il ne les a pas
donnés, & qu'ils ont été faits par la main d'un fauffaire. Il
fuffifoit à Madame de Saint-Vincent d'alléguer la poffeffion où
elle étoit de ces billets; billets qu'elle a reçus, billets qu'elle
n'a pas faits ; & fans entrer dans aucun détail à cet égard,
laiffer M. le Maréchal s'efforcer d'en établir la fauffeté & la

fabrication. Les billets font fignés de M. le Maréchal : il défavoue cette fignature : qu'il prouve donc qu'elle n'eft pas la fienne. Les billets font dans les mains de Madame de Saint-Vincent ; il les lui arrache avec violence, & il foutient qu'ils ne viennent pas de lui : qu'il prouve donc qu'il ne les lui a pas donnés. Il fe rend accufateur, dénonciateur de Madame de Saint-Vincent : il lui impute d'avoir fabriqué elle-même ces billets : qu'il prouve donc qu'elle les a faits & fabriqués. Neanmoins Madame de Saint-Vincent a bien voulu expliquer la maniere dont ces billets funeftes fe trouvent entre fes mains ; elle a fait le récit de toutes les circonftances qui ont accompagné le don & l'envoi de ces billets, de toutes les mutations qu'ils ont éprouvées, de tous les événemens qui les ont précédés, accompagnés & fuivis ; & c'eft ce récit qu'elle pouvoit ne pas faire, qu'elle n'a fait que par amour pour la vérité & par refpect pour la Juftice, que M. le Maréchal traite aujourd'hui de fable, & dans lequel il prétend trouver des preuves démonftratives du faux & de la fabrication des billets. C'eft la derniere reffource qu'il lui refte ; mais on fentira bientôt qu'elle eft auffi foible & auffi peu fûre que les autres. Pour défendre ce récit, que M. le Maréchal attaque de toute part, il faut le retracer ici en entier. Nous allons le donner au Public tel qu'il nous a été remis par Madame de Saint-Vincent. C'eft elle-même qui l'a rédigé ; c'eft elle que le Lecteur va entendre.

Je fuis née d'une des plus nobles & des plus anciennes familles de Provence. J'ai reçu l'éducation que l'on donne en France à toutes les jeunes demoifelles. J'ai été au Couvent depuis l'âge de fix ans, & je n'en fuis fortie que pour être conduite à l'Autel, où j'époufai M. de Saint-Vincent, Préfident à Mortier au Parlement d'Aix. Je me ferai toujours un plaifir & un devoir de rendre à ce refpectable Magiftrat toute la juftice qui lui eft due : fans ceffe occupé du foin de remplir les fonctions auguftes qui lui font confiées, il jouiffoit dès-lors, il jouit encore de la réputation la mieux méritée. Mais j'avois à peine quinze ans; j'étois vive, enjouée, folâtre; j'aimois le monde tout autant qu'on l'aime à cet âge, où l'on ne le connoît pas encore, & où l'on s'ignore foi-même. On vantoit le peu d'agrémens que j'ai reçus de la Nature; on traitoit de gentilleffe & d'efprit les folies de mon imagination; je fus féduite, enivrée. . . . . . Faut-il s'étonner que les goûts de mon mari, qui n'étoient que ceux de la gravité & de la raifon, mûries par l'expérience, fuffent incompatibles avec l'étourderie & la légéreté des miens ? . . . . Ma famille décida que je me retirerois dans le Couvent de l'Arpajonnie, fitué à Milhaud en Rouergue; je n'eus point à murmurer contre cette volonté de mes parens, je leur cédai fans peine, & je vivois en paix dans ma retraite, lorfqu'on me pria d'écrire à M. le Maréchal de Richelieu, pour folliciter de lui une grace en faveur du frere d'une Religieufe.

Je n'avois vu qu'une feule fois M. le Maréchal; j'héfitai long-temps à faire ce que l'on me demandoit; mais la petite vanité que l'on attache communément à paroître avoir quelque crédit; l'efpece de confidération qui en réfulte auprès des Religieufes; le plaifir d'obliger; que fais-je ? J'écrivis, & M. le Maréchal voulut bien avoir égard à ma recommandation. En accordant la grace demandée, il me fit réponfe dans les termes les plus honnêtes & les plus affectueux; il étoit *enchanté*, *tranfporté*, de pouvoir m'être bon à quelque chofe; il me prioit de difpofer de lui & de tout fon crédit. J'écrivis une feconde lettre pour lui témoigner ma reconnoiffance; nouvelles réponfes, nouvelles lettres; & dès-lors je reçus de fa part, au moins une lettre par femaine. Infenfiblement fon ton change & devient bientôt celui de l'intérêt le plus tendre;

il m'appelle fa parente, fa chere coufine; il veut que je prenne confiance en lui; que je lui faffe part de mes chagrins & de mes peines; il n'épargnera rien pour adoucir ce qu'il appelle l'horreur de ma fituation; fon crédit, fa fortune, tout fera mis en ufage pour me délivrer de la captivité où mes parens me retiennent; il me prie de recevoir mille écus, pour fuppléer à la penfion de mon mari, qu'il juge trop modique; je vais être la plus heureufe de toutes les femmes. . . . . Hélas! que n'appercevois-je l'abîme que M. le Maréchal ouvroit fous mes pas? Que ne rejettois-je fes dons empoifonnés? j'euffe évité bien des malheurs.

Milhaud parut à M. le Maréchal un féjour incommode pour moi, & contraire au defir qu'il avoit de me voir. Il me propofa d'en changer, s'engagea de me conduire, foit à Tours, foit à Poitiers, lieux de fon paffage, en allant & revenant de Bordeaux; d'applanir toutes les difficultés que pourroit faire naître la réfiftance de mes parens; & déja il avoit donné ordre au fieur Auvray, Secrétaire de l'Intendant, de préparer pour moi un appartement au Couvent de Sainte Catherine de Poitiers. L'alarme fe répand dans ma famille, elle s'effraie, menace, conjure, emploie toutes fortes de moyens pour s'oppofer aux volontés de M. le Maréchal, ne néglige rien auprès de M. le Maréchal lui-même, pour le faire renoncer à ce deffein; tout eft inutile, le crédit l'emporte; la lettre de cachet eft levée, & la réclamation d'une famille refpectable cede aux caprices d'un homme puiffant. La feule compofition qu'elle obtient, eft que je fois transférée à Tarbes, qui n'eft point fur la route de Bordeaux.

J'allai à Tarbes, & j'y reçus, comme à Milhaud, au moins une fois par femaine, des lettres de M. le Maréchal. Il m'annonçoit, dans une de ces lettres, qu'il fuppoferoit avoir beſoin, pour ſa ſanté, des eaux de Bagneres, & qu'il feroit ce voyage pour me voir à Tarbes; il n'eut pas beſoin d'uſer de cet expédient.

C'étoit au commencement de l'année 1771. On ſe rappelle quels changemens à cette époque eut à eſſuyer la Magiſtrature. Arrachés à leurs fonctions, à leurs familles, à leurs amis, à la patrie, qui gémiſſoit ſur leur ſort, les Miniſtres des Loix eurent a eſſuyer toutes les rigueurs de l'exil. M. le Maréchal profita de cette circonſtance, & je me rappelle qu'il écrivit à mon ſujet une longue lettre à M. l'Evêque de Tarbes, le jour même de la diſperſion de la Cour des Aides de Paris; & peu de temps après je quittai Tarbes pour me rendre à Poitiers, où tout étoit préparé pour me recevoir. Quels ſentimens agiterent mon ame à mon arrivée dans cette ville! Je venois de tranſgreſſer les ordres d'une famille reſpectable, & d'élever entre elle & moi une barriere horrible. Je me trouvois ſeule, jettée au milieu d'un pays qui m'étoit inconnu, & je ne me voyois plus, dans le monde entier, d'autre reſſource que M. le Maréchal; je lui écrivis & le conjurai de ne point m'abandonner; je lui peignis l'état où j'allois me trouver bientôt, celui de manquer de tout, & j'en reçus la réponſe qu'il arriveroit inceſſamment à Poitiers; il y arrive en effet; il m'envoie un Courier pour m'avertir de l'heure où il ſe rendroit à mon Couvent; il s'y rend à l'heure marquée.... O ſouvenir trop cruel à mon cœur! & c'eſt ce même homme, à qui les promeſſes coûtoient alors ſi peu, qui paroiſſoit prendre le plus vif intérêt à mon ſort, qui vouloit me procurer une fortune digne de ma naiſſance, qui ne ſeroit heureux qu'en contribuant à mon bonheur; c'eſt ce même homme qui me perſécute & m'outrage aujourd'hui avec un acharnement barbare, qui me précipite dans les fers, & qui m'accuſe d'un crime..... Ah! le plus grand que j'aie commis, sans doute, est de ne l'avoir pas affez connu, & d'avoir trop compté fur lui. Infortunées que nous fommes, comme on fe joue de notre crédulité & de nos foibleffes!

J'étois loin d'imaginer que les promeffes que je recevois de M. le Maréchal, & de vive voix, & par écrit, puffent être fans effet, & j'en attendois chaque jour l'exécution. Si le retard qu'elles éprouvoient me cauſoient quelques inquiétudes, je n'en conſervois pas moins l'efpoir qu'elles fe réaliferoient un jour, & cet efpoir me fit recourir à des emprunts que je me flattois de pouvoir acquitter bientôt. Je puiſai dans la bourſe de M. de Vedel, Major du Régiment Dauphin, alors en garniſon à Poitiers, les fommes qui m'étoient néceffaires; j'en inftruiſis M. le Maréchal; je le priai de s'intéreffer à l'avancement de ce généreux Officier, & dès-lors toutes mes relations avec M. le Maréchal furent connues de M. de Vedel. Il lut les lettres que je recevois; il lut les réponfes que je faiſois à ces lettres; fouvent il en vit arriver par la pofte; fouvent il en porta lui-même à la pofte. Pouvoit-il prévoir que ce qu'il lifoit, que ce qu'il voyoit, deviendroit un jour l'origine d'une accufation criminelle, & la fource d'un procès monftrueux, où il feroit impliqué lui-même, parce qu'il avoit lu & connu les lettres & les promeffes de M. le Maréchal?

Ces promeffes devoient enfin avoir un terme. Je ne négligeois rien pour le hâter; follicitations, prieres, inftances, tout étoit employé de ma part; &, de fon côté, M. le Maréchal n'oublioit rien pour retarder leur exécution. Je me voyois au moment de manquer des chofes de premiere néceffité; M. de Vedel avoit une fortune trop bornée, pour qu'il pût fournir plus long-tems aux emprunts que je recevois de lui. Dans cette affreufe pofition, je redoublai d'inftances auprès de M. le Maréchal; devois-je attendre cette réponfe: *quittez Poitiers, venez à Paris.* Il falloit bien que je fuiviffe cet odieux confeil.

Faut-il que je rappelle ici le trifte état où je me trouvai réduite à mon arrivée en cette grande ville, qui n'eft pas moins le féjour de la plus horrible mifere, que de la plus exceffive opulence? Logée à un troifieme étage au couvent de la Miféricorde, ne vivant moi & ma femme de chambre que de pain & d'eau....... Et voilà donc où j'avois été conduite par M. le Maréchal! Il vient me voir dans ma chétive demeure; je me jette à fes genoux, & je le conjure avec larmes de me délivrer de l'affreufe fituation où je fuis plongée; il me femble le voir & l'entendre encore, il parut s'attendrir fur mon fort; je crus qu'il alloit mettre fin à tous mes malheurs & acquitter tout d'un coup fes promeffes; je le vis prendre une plume & du papier, &, fur ma toilette & de fa propre main, il écrivit un mandat de 100, 000 écus dans la forme fuivante:

Je prie M. Pefchot de donner à Madame de Saint-Vincent les 100, 000 écus qui lui appartiennent, dont je le tiendrai quitte pour toujours.

Il n'eft pas poffible que M. le Maréchal ait perdu la mémoire de toutes ces circonftances. Qu'il fe rappelle la peinture touchante que je lui fis de la mifere où j'étois; qu'il fe rappelle par com. bien de motifs je l'excitai à remplir tous les engagemens qu'il avoit contractés avec moi; qu'il fe rappelle comment je ré-chauffai la fenfibilité de fon ame, comment je l'arrofai de mes pleurs; qu'il fe rappelle...... Il peut me perfécuter, m'ou-trager & me perdre peut-être; il peut en impofer aux hommes & tromper leur juftice; mais il n'échappera pas au témoignage de fa confcience & de la mienne. Il eft bien affuré au fond de fon cœur , comme je fuis affuré au fond du mien , qu'il m'a donné le mandat & les billets qu'il n'a pas honte de défavouer aujourd'hui.

Ce mandat n'étoit qu'un barbouillage fur lequel je n'aurois pu trouver un fol. Un Avocat, à qui je le fis voir, m'en fit remarquer la forme illufoire ; je la fis remarquer à mon tour à M. le Maréchal qui confentit alors à me donner un autre mandat de pareille fomme fur le même Banquier, & il me fit les plus féveres défenfes d'en parler, me menaçant de me perdre fi je le livrois à la négociation.

Ce fecond mandat n'étoit pas nul pour la forme, mais il l'étoit par fa trop grande valeur ; la défenfe de le préfenter à Peixotto, l'impoffibilité de le négocier le rendoit pour moi un titre inutile & vain. Je priai M. le Maréchal de le divifer en d'autres fommes moins confidérables. Je fis faire par Me Gariffon de la Tour, Avocat au Parlement, les modeles de fix billets, dont cinq de 60000 l. chacun, & un autre de 100000 écus, & je les envoyai à M. le Maréchal avec la lettre la plus preffante pour l'engager à figner ou ceux de 60000 livres, ou celui de 100000 écus. La lettre que j'écrivis à ce fujet fut faite en préfence de M. de Vedel ; il la vit renfermer fous enveloppe, avec les fix billets écrits de la main de Me de la Tour ; le paquet fut cacheté fous fes yeux, il le porta lui-même à l'hôtel de M. le Maréchal, le remit lui-même à fon fuiffe ; & le lendemain, un laquais de M. le Maréchal, vêtu à fa livrée, me rapporta le paquet cacheté aux armes de M. le Maréchal. C'étoit un jour de fête ou de dimanche. Je revenois de l'office, & je m'étois arrêté dans la chambre de M. l'Abbé Froment, Aumônier du couvent de la Miféricorde, dont l'appartement étoit fur le même efcalier que le mien. J'y étois à peine, que j'entendis frapper à ma porte. J'y vole, & je trouve le

laquais

laquais de M. le Maréchal qui me rapportoit ce paquet. Je l'ouvre à la hâte, j'apperçois les trois billets fignés, & faifie de joie, je rentre, mes billets à la main, dans la chambre de l'Abbé Froment, à qui je les fais lire, ainfi que la lettre que m'écrivoit M. le Maréchal. Il les vit, il les lut; il avoit apperçu le laquais frapper à ma porte, il étoit inftruit de l'envoi que j'avois fait la veille à l'hôtel de Richelieu; il avoit été témoin vingt fois des lettres que M. le Maréchal m'envoyoit par fes gens, des vifites que me rendoit M. le Maréchal lui-même; comment n'auroit-il pas été certain de la vérité de ces billets?

La générofité de M. le Maréchal paroît exceffive au premier coup-d'œil, mais, dans le fond, il ne me donnoit que deux billets de 60000 livres chacun. Celui de 100000 écus n'étoit, comme je l'ai déja dit, qu'un titre inutile & impoffible à commercer, il ne pouvoit me rapporter un fol. Je parvins enfin à faire confentir M. le Maréchal à le couper en plufieurs petites fommes, & il fut changé en dix billets, dont les uns font de 25, les autres de 30, les autres de 40 mille livres. Ces dix billets, avec les deux de 60000 livres chacun, font l'objet de cet affreux procès. M. le Maréchal prétend qu'ils font faux. Je n'en fçais rien; mais je ne le penfe pas. Seroit-il poffible que M. le Maréchal, après m'avoir flattée de l'efpoir d'une fortune brillante, ne m'eût donné que des billets faux.... Non, ils ne le font pas; ne faifons point à M. le Maréchal l'injure de le croire. Quels qu'ils foient ces billets funeftes, qu'il les reprenne puifqu'il fe repent de me les avoir donnés; qu'ils rentrent dans les mains de M. le Maréchal, puifqu'ils en font fortis; il en eft l'auteur, qu'il en foit le maître. Je les lui abandonne fans peine; eh! puiffé-je ne les avoir jamais reçus! ... Mais m'accufer de les avoir fabriqués; mais m'imputer un faux que j'abhorre; mais rejetter fur mon front l'infamied'un

K

crime que lui feul a commis : mais m'outrager & me perfécuter avec l'acharnement le plus barbare ; mais me précipiter dans le féjour qu'habitent les fcélérats ; mais révéler fans pudeur le myftere de mes actions les plus ignorées ; mais me dénoncer à la Juftice comme un vil fauffaire ! A cette idée je fuccombe, les forces m'abandonnent, mille foupirs s'échappent de mon fein agité, & des pleurs amers coulent de mes yeux ; je dois en verfer fans doute fur mes imprudences & mes erreurs ; mais je n'en ai jamais eu, je n'en aurai jamais à verfer fur des crimes. Je fuis innocente du faux qu'on m'impute, je n'ai jamais fabriqué les lettres & les billets de M. le Maréchal, je n'en ai jamais eu ni les talens ni la volonté. C'étoit bien affez de m'abaiffer jufqu'à les recevoir de lui.

Ce recit fournit à M. le Maréchal plufieurs objections que nous parviendrons facilement à réfoudre. D'abord, dit-il, » les promeffes & les billets font fans caufe ; Madame de Saint- » Vincent ne peut indiquer un principe apparent qui ait pro- » duit envers elle cet excès de générofité de ma part. Quelle » vraifemblance y a-t-il que j'aie foufcrit des billets en fa faveur » pour des fommes auffi confidérables *.

Eft-ce donc à Madame de Saint-Vincent à indiquer les raifons qui ont pu engager M. le Maréchal à lui donner des billets? Eft-ce donc à elle à expliquer les caufes qui ont agi fur lui & qui l'ont déterminé à cet excès de générofité? Eft-ce donc à elle à rendre vraifemblables toutes les actions de M. le Maréchal? Connoît-elle tous les plis & les replis de fon ame? Sçait-elle quels fentimens l'affecte, quels projets il conçoit, quels calculs il médite, quelles combinaifons il forme, quelle impulfion le conduit quand il promet & quand il donne des billets ? Et depuis quand la main qui reçoit eft-elle tenue de révéler les secrets de la main qui donne ? Peut-être que M. le Maréchal, attaché par toutes sortes de liens à une femme qu'il avoit arrachée à la solitude d'un cloître, qu'il avoit brouillée avec sa famille, & à qui il ne restoit dans le monde entier que lui seul pour ressource & pour appui ; à une femme de la plus haute qualité, sa parente, qu'il aimoit, qu'il appelloit *sa bonne*, *sa chere cousine* ; à une femme qui, par les folies de son imagination, par les saillies de son esprit, par les travers même de sa conduite, avoit tant de charmes à ses yeux & tant d'empire sur son cœur, aura voulu lui procurer une fortune brillante & digne de sa naissance ; ou peut-être M. le Maréchal, voulant se dérober aux importunités d'une femme, qui, rendue malheureuse par lui, plongée par lui dans la misere, l'assiégeoit sans cesse de demandes, de prieres & d'instances, n'aura-t-il contracté avec elle que des engagemens illusoires, & des billets faux auront été le signe trompeur d'une générosité cruelle & barbare ; peut-être que, sans avoir recours à des billets faux, sans prétendre en donner de vrais pour des sommes aussi considérables, sans prodigalité, comme sans noirceur, M. le Maréchal aura-t il donné tous ces billets par complaisance, par foiblesse, n'imaginant pas ni qu'ils fussent mis en vente, ni que le payement lui en fût répété en entier, espérant pouvoir les changer, les répéter, les reprendre à son gré ; peut-être aussi Madame de Saint-Vincent devoit-elle recevoir la valeur de ces billets sans qu'il en coûtât rien à M. le Maréchal ; peut-être que sa signature étoit la clef & non la source de cette valeur ; peut-être même que cette maniere de donner étoit pour M. le Maréchal une maniere de s'enrichir, & que plus il multiplioit les signatures & les billets, plus il augmentoit sa fortune & ses trésors ; peut-être . . . . . . Que de peut-être sont capables d'avoir engagé M. le Maréchal à donner ces billets à Madame de Saint-Vincent! Et vous qui les croyez invraifemblables, fçavez-vous tous les motifs qui ont pu les faire naître? Sçavez-vous quels refforts puiffans, & peut-être irréfiftibles ont mis en mouvement la main qui les a écrits? Sçavez-vous quelles ont été les intentions de **M.** le Maréchal? Avez-vous pénétré les fecrets de fon cœur?..... Et comment ofez-vous juger invraifemblable un effet dont vous ne connoiffez point la caufe, un effet que tant de caufes diverfes peuvent produire, & dont une feule fuffit pour le rendre vraifemblable & vrai? N'eft-il pas plus invraifemblable qu'une femme de qualité ait formé dans la folitude d'un couvent le projet du faux le plus odieux qui puiffe exifter; qu'elle ait choifi pour l'objet de fes rapines un homme revêtu des premieres dignités de l'Etat, qui trouve en tout tems fous fa main toutes les reffources de l'opulence, & qui jouiffoit alors d'un crédit prodigieux? N'eft-il pas plus invraifemblable que cette femme gaie, folâtre, étourdie, ait paffé fon tems à fabriquer des billets, à forger des lettres, à calquer des écritures, & qu'avec les feules reffources de fon imagination, avec une plume & une vitre, elle ait bâti ce château de féerie qu'Armide elle-même n'eût pas folidement conftruit?.... Mais avec de la vraifemblance & de l'invraifemblance, c'eft le moyen de ne jamais finir, & c'eft s'éloigner de l'objet du procès. Il s'agit de ce qui eft, & non de ce qui peut être ou ne pas être. Il faut que M. le Maréchal démontre, non pas que fes actions font invraifemblables, mais que celles de Madame de Saint-Vincent font un crime de faux; non pas que fa prudence ordinaire ne pourroit fe concilier avec les billets dont il s'agit, mais que ces billets font le réfultat de la fauffeté & le fruit de la fcélératreffe; non pas qu'il eft trop habile pour avoir donné de telles armes contre lui, mais que Madame de

Saint-Vincent l'eſt aſſez pour les avoir forgées. Voilà le devoir qui lui eſt impoſé, dont il ne peut s'écarter, & auquel il faut le rappeller ſans ceſſe. Que s'il veut abſolument que l'on ſache le principe de ſa libéralité, qu'il le diſe lui-même s'il l'oſe ; qu'il expoſe à tous les regards ces ſecrets qui . . . . Mais non. Tombent à jamais dans le néant & l'oubli ces myſteres d'iniquité & d'horreur, & puiſſe la nuit la plus profonde les enſevelir à jamais ſous ces ténebres épaiſſes !

Les différens changemens qu'ont éprouvés les billets fourniſſent auſſi des objections à M. le Maréchal. « Quel enchaî- » nement inconcevable de titres, s'écrie-t-il *, qui ſe ſucce- » dent ſans cauſe & ſe remplacent ſans ſe détruire ! En » admettant toutes les converſions des billets, il s'enſuivroit » que Madame de Saint-Vincent auroit réuni pour un million » trois cens vingt-cinq mille livres d'engagemens ſouſcrits » par M. le Maréchal. On invite tous les Juges à réfléchir » ſur la force de cet argument ».

* Pag. 125, 126 & ſuivantes du Mémoire, & page 8 du Précis.

Les Juges y réfléchiront, & ils verront que cet argument eſt ſans force. Les converſions des billets ſont des événemens bien ſimples & bien faciles à expliquer. 1°. On ſe rappelle que le premier titre que Madame de Saint-Vincent a reçu de M. le Maréchal, étoit un mandat de cent mille écus conçu en ces termes. *Je prie le ſieur Peſchot de donner à Madame de Saint-Vincent les cent mille écus qui lui appartiennent, & dont je le tiendrai quitte pour toujours.* Une page d'almanach, un chiffon de papier ne ſont pas plus un titre de cent mille écus que ce mandat informe en étoit un. On le fit remarquer à Madame de Saint-Vincent ; elle pria M. le Maréchal de vouloir bien ſubſtituer à ce mandat d'une forme illuſoire, un titre d'une forme obligatoire, & il y conſentit. Ne faut-il pas avoir renoncé au fens commun pour prétendre que le fecond titre de cent mille écus, fubftitué à ce mandat ridicule, laiffoit au pouvoir de Madame de Saint-Vincent deux cens mille écus d'obligations foufcrites par M. le Maréchal? Il eft évident qu'il faut en retrancher cent mille écus; voilà donc cent mille écus pris fur le million trois cens vingt-cinq mille livres.

2°. Le fecond titre donné par M. le Maréchal étoit un billet, fur le même Banquier; & quoique la forme n'en fût pas vicieufe, ce n'en étoit pas moins un titre inutile, & impoffible à réalifer. M. le Maréchal, en le donnant à Madame de Saint-Vincent, lui avoit défendu d'en faire ufage, la menaçant de la perdre, fi elle ofoit le livrer au commerce. Madame de Saint-Vincent ne pouvoit donc, ni négocier ce billet, ni le préfenter au fieur Peixotto. Si elle l'eût préfenté à Peixotto, celui-ci n'eût pas manqué d'en parler à M. le Maréchal, qui lui auroit ordonné de ne pas l'acquitter; & Madame de Saint-Vincent auroit à pure perte tranfgreffé les ordres de M. le Maréchal, & fe feroit expofée à toute fa colere. Le préfenter à la négociation n'étoit pas moins impoffible. Quel eft le Commerçant qui fe fût chargé d'un titre de cent mille écus fur M. le Maréchal de Richelieu? Ces deux titres que l'on évalue à deux cens mille écus, ne valent donc pas deux cents mille fols effectifs pour Madame de Saint-Vincent? L'un péche par l'impoffibilité de le convertir en argent; & l'autre, par cette même impoffibilité, & par la maniere dont il eft conçu. Voilà donc déja deux cents mille écus à retrancher du million trois cents vingt-cinq mille livres dont parle M. le Maréchal.

3°. On fait comment s'eft opérée la troifieme converfion; comment fix billets, dont l'un étoit de même fomme de cent mille écus, & les cinq autres de 60000 livres chacun, furent rédigés par M. Gariffon de la Tour; comment ils furent envoyés à M. le Maréchal; comment ils furent rapportés à Madame de Saint - Vincent ; & l'on se rappelle que M. le Maréchal en figna trois ; favoir , celui de cent mille écus, & deux de 60000 livres chacun : mais que cette prodigalité ne vous étonne pas, & fachez l'apprécier! Qu'étoit-ce, encore, que ce billet de cent mille écus? N'étoit-ce pas, comme les deux premiers auxquels il étoit fubftitué, un titre fans effet, un figne fans réalité, une inutilité faftueufe ? Celui-ci étoit-il plus commerçable que les autres ; & la même impoffibilité de le convertir en argent n'y étoit-elle pas attachée & inhérente ? M. le Maréchal ne donnoit donc réellement que deux billets de 60000 livres chacun; & de cette foule de titres fortis jufqu'à préfent de la main de M. le Maréchal, en faveur de Madame de Saint-Vincent, ceux-ci font les deux premiers utiles & réels. Du million trois cents vingt-cinq mille livres, retranchez trois fois cent mille écus , il n'eft encore que cent vingt mille livres.

4°. Ce billet de cent mille écus, qui eft toujours au pouvoir de Madame de Saint-Vincent, ne peut lui être d'aucune utilité. Elle détermine enfin M. le Maréchal à couper ce billet en dix petits billets de fommes différentes, dont les uns font de 25 , les autres de 30 , les autres de 40000 livres , &c. : ces dix billets ainfi divifés, forment en total 305000 livres, qui ajoutés à deux billets de 60000 livres chacun , forment les douze billets dépofés au procès, & la fomme de 425000 livres.

Que l'on fuive exactement toute la chaîne des changemens fucceffifs qu'ont éprouvé ces billets , & que l'on voie s'ils offrent rien qui puiffe autorifer les calculs de M. le Maréchal. Où eft donc ce million trois cent vingt-cinq mille livres tant prôné ? Il donne un premier billet nul de plein droit ; un fecond, impoffible à réalifer : à ce fecond il en fubftitue un troifieme de même nature, & tout auffi impoffible à réalifer. Ces trois titres nuls & inutiles, font déchirés, & il en fort enfin dix autres, qui feuls remplacent les trois premiers ; & l'on vient enfuite faire, de toutes ces branches défunies, un feul faifceau ; & de toutes ces mutations très-diftinctes, établir une feule exiftence ! & l'on a la mauvaife foi d'additionner enfemble des fommes non exiftantes enfemble, & de rapprocher des événemens, dont l'un n'a pu être que la deftruction de l'autre !

. Mais ces billets de cent mille écus, ont-ils été tous déchirés ?

Oui ils l'ont été, & M. le Maréchal ne l'ignore pas ; il fait qu'au moment où il fubftituoit à un billet de cent mille écus, un autre billet de pareille fomme, le premier étoit déchiré fur le champ, & lui-même en a été témoin.

Oh ! dit-il, *le fait eft faux. Le premier mandat exiftoit encore entre les mains de Madame de Saint-Vincent, lors de l'éclat de l'affaire. M. de Jumilhac & M. de Sartine l'ont vu ; & Madame de Saint-Vincent n'ofera le nier.* *

Il eft vrai que M. de Sartine & M. de Jumilhac l'ont vu, & Madame de Saint-Vincent ne le niera pas : mais en quel état l'ont-ils vu ? En entier ? Non. Mais déchiré, ou plutôt, ils n'ont pas vu le billet, ils n'en ont vu que les morceaux. M. le Maréchal a la difcrétion de taire cette petite circonftance ; & cette réticence n'eft-elle pas encore un exemple de fa bonne foi ?

Après avoir attaqué en bloc ces converfions des billets, M. le Maréchal les défaffemble & les attaque chacune en particulier. Sur le premier mandat, il dit : * *ce titre, conçu dans une forme ridicule, ne peut être que l'ouvrage d'une femme peu inftruite dans la formule des actes obligatoires. Quelle puérilité !* quoi, une femme qui calque des fignatures, qui fabrique des

lettres,

* Page 31 de la réfutation, & 6 du Précis.

* Page 126.

lettres, une femme qui fait, de l'art des fauſſaires, ſon unique occupation, une femme qui fonde l'eſpoir d'une fortune brillante ſur ſon adreſſe à faire des faux, cette femme ne commence pas par s'inſtruire de la forme dont ces faux doivent être conçus, afin qu'ils ſoient obligatoires. . . . . Pardon, Lecteur ; mais il faut répondre à tout.

Sur le ſecond, on dit : * *ſi M. le Maréchal n'avoit imaginé cette forme captieuſe de donner, que dans l'intention de ne jamais payer, comment Madame de Saint-Vincent a-t-elle pu lui arracher un ſecond titre plus ſolide ?* M. le Maréchal ne s'écartoit pas de ſa maniere ordinaire de donner, en donnant un ſecond titre : à la vérité ce ſecond titre n'étoit pas nul par la forme, mais il étoit incommerçable ; & c'étoit la même choſe, & pour Madame de Saint-Vincent à qui ce titre ne pouvoit pas rapporter un ſol, & pour M. le Maréchal qui conſervoit toujours la même intention de ne jamais payer. *Le ſieur Peixotto s'eſt trouvé à Paris depuis le moment où Madame de Saint-Vincent poſſédoit ſes titres ; cependant elle ne les lui a pas préſentés.* * M. le Maréchal en a-t-il oublié la raiſon ? Ne ſe rappelle-t-il pas les défenſes & les menaces qu'il avoit faites à ce ſujet à Madame de Saint-Vincent ? * *Voici un dernier trait qui ruine ſans reſſource cette partie du ſyſtéme de Madame de Saint-Vincent : elle n'a jamais préſenté le mandat au ſieur Peixotto, & cependant il ſe trouve revêtu de ſa ſignature & de ſon acceptation.* . . . . Ah ! le trait n'eſt pas mortel : il eſt permis de reſpirer. On a vu plus haut comment cela ruine ſans reſſource le ſyſtême de Madame de Saint-Vincent. *On ne haſarde point ſur un titre ſérieux, ſur un titre de cent mille écus, une fauſſe acceptation qui l'anéantiroit.* * Mais quand le titre n'eſt pas ſérieux & qu'il eſt conçu dans une forme nulle de plein droit ? mais quand la fauſſe ac-

L

* Ibid.

* Page 129 & ſuivantes.

* Page 130.

* Ibid.

ceptation n'anéantit pas le titre ? Or , le mandat n'étoit point férieux , il n'étoit qu'un jeu de M. le Maréchal. Or , le faux accepté n'anéantissoit pas le titre , il étoit écrit tout au bas , c'en étoit assez pour servir de barriere contre l'avidité de la dame Saint-Jean , & non pas assez pour anéantir le titre , puisque *l'accepté* pouvoit se couper & le titre rester en entier. *La*

*fausse acceptation est une preuve invincible de la fausseté même du titre * ; la fausseté de la signature du sieur Peixotto ne laisse aucun doute sur la fausseté de la signature de M. le Maréchal de Richelieu.* Il seroit plus conséquent & plus juste de dire que la fausseté de la signature du sieur Peixotto ne laisse aucun doute sur la vérité de la signature de M. de Richelieu. Car il est inconstable que si Madame de Saint-Vincent avoit eu la volonté & l'adresse de calquer la signature de M. le Maréchal , elle auroit eu également la volonté & l'adresse de calquer celle de Peixotto ; il est incontestable qu'elle auroit réussi dans l'une comme dans l'autre contrefaction , & que ces deux signatures auroient eu la même forme , les mêmes traits , les mêmes moyens de passer pour vraies , ou d'être reconnues pour fausses. Si l'une avoit des caracteres de vérité , l'autre en auroit de semblables , & la fausseté de l'une ne pourroit être évidente sans que le même genre d'évidence existât pour l'autre. Or, la signature P e s c h o t est évidemment supposée : ce n'est ni son écriture ni son nom ; les signatures Richelieu ne le font pas. M. le Maréchal conviendra qu'elles sont au moins très-ressemblantes aux véritables, donc la même main n'a point fait les deux signatures, donc l'une n'est pas fausse comme l'autre , donc la fausseté de l'une établit la vérité de l'autre.

La troisieme converfion est accompagnée de détails un peu embarrassans pour M. le Maréchal ; aussi n'oublie-t-il rien pour les détruire & pour diminuer la preuve qui en résulte néceffairement contre lui. L'époque de cette converfion a été fixée du 10 au 15 Novembre. Or, du 10 au 15, M. le Maréchal foutient qu'il n'étoit point à Paris, mais à Fontainebleau, & il invoque, à l'appui de cette affertion, le témoignage de la Gazette. Ce témoignage eft bien refpectable, fans doute; mais établit-il que M. le Maréchal ne foit pas venu à Paris du 10 au 15 ? Et M. le Maréchal ne peut-il pas venir de Fontainebleau à Paris fans que la Gazette l'annonce à toute la France ? Une Gazette pour prouver un *alibi* ! Un *alibi* de Paris à Fontainebleau ! en vérité c'eft une dérifion. C'eft à un jour de Dimanche ou de Fête qu'a été fixée auffi l'époque de cette converfion. *C'étoit donc le 14 qu'elle a été faite*, conclut M. le Maréchal * , *parce que du 10 au 15 Novembre 1773, il n'y avoit pas de Fêtes ou de Dimanche que le 14.* M. le Maréchal fe connoît peu en Fêtes. Si, après avoir confulté la Gazette, il daignoit confulter auffi fon Almanach, il verroit que le 11 Novembre eft la Fête de Saint-Martin.

Le laquais qui a apporté le paquet à Madame de Saint-Vincent, étoit vêtu d'un habit rouge, galonné en argent. Or, *les domeftiques de M. le Maréchal*, continue-t-on * , *avoit quitté l'habit d'été dès la fin d'Octobre, ils portoient l'habit d'hyver qui n'a point de galons d'argent, mais le galon de la livrée.* Nous ne difputerons pas affurément fur les ufages de la maifon de M. le Maréchal ; mais il eft bon de l'avertir que fes gens ne les obfervent pas : car il eft certain que le laquais qu'il avoit chargé de porter le paquet à Madame de Saint-Vincent, avoit fon habit rouge galonné en argent. Madame de Saint-Vincent n'eft pas la feule qui l'ait remarqué, l'Abbé Froment l'a vu comme elle.... *En ce cas, on aura fait venir * un quidam, vêtu de rouge, pour faire illufion à cet Eccléfiaftique, & pour fe mé-*

* Pag. 49.

* Ibid.

* Page 35 de la réfutation.

nager de fa part un témoignage TEL QUEL. Mais quand on a befoin d'un témoignage, eft-ce un témoignage TEL QUEL que l'on cherche à s'affurer ? Quand on fe met en frais de tromper ; quand on veut faire illufion par l'arrivée d'un laquais, eft-ce à un homme feul que l'on fait voir ce laquais ? Comment ! Madame de Saint-Vincent a befoin de témoins, elle veut s'en procurer, elle apofte à cet effet un *quidam habillé de rouge*, & ce quidam apofté pour faire illufion n'eft apperçu que de l'Abbé Froment, que d'un feul témoin !... Il faut bien compter fur l'indulgence publique pour hafarder de pareilles réveries. M. le Maréchal devroit fçavoir que lorf- que l'on trompe, on prend plus de précautions. Si Madame de Saint-Vincent avoit fait venir un laquais pour faire illu- fion, elle auroit eu à fon arrivée, dix, vingt, quarante per- fonnes chez elle qui l'auroient vu & qui le dépoferoient au- jourd'hui.

Sur la derniere converfion des billets, M. le Maréchal demande encore *qu'eft devenu* ce billet de cent mille écus ? Nous lui répondons qu'il a été déchiré comme les autres, & M. le Maréchal qui le fçait bien, ne devroit pas affecter à ce fujet une ignorance fi longue. C'étoit au mois de Mars ou d'Avril que s'eft opéré cette converfion. *Pourquoi donc, demande encore* M. le Maréchal, *fe trouve-t-il deux billets, datés l'un du mois d'Avril, & l'autre du mois de Mai* * ? C'eft une chofe bien fimple. Madame de Saint-Vincent ignoroit le moment où elle pourroit déterminer M. le Maréchal à cou- per le billet de cent mille écus en petits billets. Elle avoit fait faire le corps de ces petits billets à des échéances différentes ; & quoiqu'ils duffent tous être fignés en même temps, ils étoient cependant de différentes dates ; les unes du mois de Décem- bre, les autres du mois de Janvier, les autres de Février.

Pourquoi ne s'en trouveroit-il pas une du 4 Avril, un autre du 8 Mai ?... *Le 8 Mai étoit la surveille de la mort du Roi, dont M. de Richelieu ne quittoit point la chambre* *. Aussi, ne disons-nous pas que le billets aient été signés le 8 Mai, mais que l'un de ces billets porte la date du 8 Mai, quoiqu'ils aient été tous signés au mois de Mars ou d'Avril. *Croira-t-on que Madame de Saint-Vincent ait choisi elle-même une date postérieure à celle de l'opération* * ? Nous avons déja dit qu'au moment où Madame de Saint-Vincent faisoit écrire le corps des billets, elle ignoroit celui où M. le Maréchal voudroit les signer : feroit-ce en Mars, en Avril, en Mai ? elle l'ignoroit. Elle ne choisissoit donc point une date postérieure à l'opération, puisque la date de l'opération elle-même étoit indéterminée & très-incertaine ? *Mais cette date étoit de la plus grande conséquence, puisqu'elle auroit suffi pour anéantir le titre, si la mort avoit frappé M. de Richelieu avant l'époque que la date donnoit à sa signature ; la parque aveugle ne distingue point les âges* *. Cela est vrai ; mais Madame de Saint-Vincent se fera toujours gloire de n'être pas si prévoyante ; & malheur à l'ame abjecte qui calculeroit ainsi les jours de son bienfaiteur !

Au reste, il est une réponse générale à toutes ces conversions des billets ; elle ne sont établies au Procès que par l'aveu que Madame de Saint Vincent en a fait. Le premier mandat d'une forme illusoire & les douze billets déposés, font les seuls titres connus. Pourquoi, si les autres étoient une chimere, s'ils impliquoient contradiction, pourquoi auroient-ils été exposés aux regards de la Justice par Madame de Saint-Vincent elle-même ? Quel avantage auroit-elle pu se promettre à imaginer tous ces changemens, s'ils n'existoient pas ? Et à quoi auroit abouti l'invention de cette fable ? A quoi

* *Ibid.*

* *Ibid.*

* *Ibid.*

tout cela lui auroit-il fervi ? Si elle a parlé de ces converfions, c'eft qu'elles ont été faites, & la Juftice ne les connoît que parce qu'elles font vraies ?

Il faut finir & terminer enfin cette longue & ennuyeufe difcuffion. Le furplus des preuves de M. le Maréchal ne mérite pas de réponfe. N'eft-ce pas changer la nature des chofes que de dire que la vérification des fignatures, faite chez fon Notaire, par Meffieurs de Vedel, de Préville, Benavent & Rubit, démontre la fauffeté de ces fignatures. Eh! depuis quand envoye-t-on l'acheteur d'un billet faux prendre des renfeignemens chez le Notaire, qui eft fait pour connoître la fauffeté de ce billet ? Depuis quand, lorfque l'on trompe, prend-on tous les moyens d'être découvert & reconnu pour trompeur ? Ce que M. le Maréchal ajoute fur la modicité des prix auxquels ces billets ont été vendus, n'eft pas un argument plus concluant. Ce n'eft pas la fauffeté d'un billet quelconque qui peut en diminuer la valeur. Cette valeur eft nulle, dès que la fauffeté du billet eft connue. Elle eft entiere tant que cette fauffeté eft ignorée. On n'achete point un billet faux, & on paye à fon taux celui que l'on croit vrai. Si les billets de M. le Maréchal ont été donnés à vil prix, c'eft que le nom de M. le Maréchal n'a pas grand cours dans le commerce. Ce nom eft fait pour infpirer de la confiance fans doute ; mais par une fatalité inconcevable, prefque tous les acquéreurs le redoutent: ils vous parlent de fubterfuge, de délais, de difficultés pour fe faire payer ; ils en craignent les hazards, & ils ne veulent pas même entrer en compofition. M. le Maréchal devroit bien faire tous ces calculs. Mais non ; il n'y regarde pas de fi près, & il n'eft pas difficile dans le choix de fes preuves. Il pourfuit un faux chimérique, & il rapporte tout à ce faux : tout ce qui exifte lui paroît prouver un faux : il trouve, dans l'empreinte de la vérité même, des traces de faux : pour lui tout se change en faux ; il voit tout en faux. Il accuse Madame de Saint-Vincent d'être l'auteur de ce faux ; & toutes les pensées, toutes les paroles, toutes les actions de cette femme infortunée sont par lui travesties en preuves de faux. Il fouille dans les secrets les plus impénétrables de sa vie privée. Des présomptions, des indices, des faits étrangers au procès, des témoins qui deshonoreroient une bonne cause ; il rassemble tout ; tout est bon, pourvu qu'il outrage & qu'il nuise. Et cependant ce faux n'est pas pas prouvé ; & cependant Madame de Saint-Vincent n'est pas convaincue : elle n'est donc pas coupable. Mais si elle n'est coupable, M. le Maréchal n'est-il pas..... Il faut finir & ne point nous laisser entraîner par la force de toutes les conséquences qu'il y auroit à tirer ; nous ne serions que justes, & Monsieur le Maréchal nous accuseroit de lui manquer de respect.

C'est un principe incontestable que toute accusation doit être appuyée sur des preuves, & que le défaut de preuves entraîne nécessairement la justification d'un accusé. La Justice ne condamne que les coupables, & on ne l'est à ses yeux qu'à l'instant où l'on est convaincu. Si le crime ne paroît pas, l'innocence est reconnue ; & l'infortuné qui gémissoit dans les fers les voit tomber à ses pieds, dès que l'action qu'on lui imputoit ne peut être établie sur des preuves légales. ACTORE NON PROBANTE REUS ABSOLVITUR. La justification de Madame de Saint-Vincent est une conséquence certaine de ce principe. Tous les efforts de M. le Maréchal n'ont pu la convaincre du faux dont il l'accuse. Toutes les ressources de la fortune, du crédit & de l'intrigue ont échoué dans cette carriere qu'il s'etoit promis de parcourir avec tant de succès. Nous avons démontré que ni les experts , ni les préfomptions , ni les écrits de Madame de Saint‑Vincent, ni fes interrogatoires , ni rien de ce que M. le Maréchal appelle fes preuves phyfiques & fes preuves morales , ne prouve le faux qu'il lui impute. Elle n'a donc point commis ce crime : il ne faut pas d'autres moyens pour fa défenfe , & elle eft fans replique. Qu'il nous foit permis cependant d'ajouter à cette défenfe quelques‑unes des raifons qui établiffent directement l'innocence de Madame de Saint‑Vincent. Nous ne ferons que les indiquer rapidement , & nous pourrons peut‑être les faire valoir ailleurs avec plus d'étendue.

§. II.

Il eft des crimes qui fe commettent dans le premier mouvement d'une agitation impétueufe , & il en eft qui fe forment dans le filence & le calme des paffions. Ceux‑là ne peuvent être prévus ; ils ne font jamais réfléchis ; c'eft l'ouvrage des circonftances & du hazard : ceux‑ci fe méditent , fe combinent , s'exécutent fur un plan raifonné & fuivi. Pour devenir coupable des premiers , il ne faut qu'un moment de colere & de fureur , qu'un inftant d'amertume & d'emportement , qu'une feule affection violente : mais pour les autres , il faut une ame corrompue , accoutumée aux forfaits ; il faut une fuite d'idées dans l'efprit , des raifonnements , des calculs , des combinaifons profondes. Le faux imputé à Madame de Saint‑Vincent feroit de ce dernier genre , il ne pourroit être que le fruit d'une longue méditation , que le réfultat d'une méchanceté réfléchie , que l'effet d'un fyftême conçu avec intelligence , exécuté avec art , & foutenu avec audace. Or, un crime de cette nature n'a certainement pas été commis par Madame de Saint‑Vincent. Quand il feroit poffible en lui‑

même ,

même, quand il feroit poffible à tout l'univers, il feroit impoffible pour elle. Jamais elle n'en auroit formé le deffein ; jamais elle ne l'eût exécuté. Le projet, l'exécution de ce faux,
démontrent également qu'elle ne l'a pas commis.

I°.

Quel projet que celui du faux imputé à Madame de Saint-
Vincent ! quel tems, quel lieu choifirez-vous pour le faire
naître ? Sera-ce Milhaud, Tarbes, Poitiers ou Paris ? Repré-
fentez-vous Madame de Saint-Vincent renfermée dès l'âge de
dix-huit ans au Couvent de l'Arpagonie. Jeune, vive, inconfidérée, légere, elle regrette fa liberté peut-être ; peut-être
elle foupire après l'inftant heureux où finira fa retraite : mais
des vues d'intérêt ; mais des projets de fortune ; mais le defir des
richeffes, le defir fur-tout d'en acquérir en forgeant des billets,
en fabriquant des lettres, en calquant des fignatures, ne peut
entrer dans fon ame, ce ne font pas là les idées qu'elle médite ni les vœux qu'elle forme. Si une correfpondance avec
M. le Maréchal a pour elle des attraits, c'eft que fon amour-
propre en eft flatté, c'eft qu'il lui en revient dans le pays
qu'elle habite de la confidération & des égards. Etre la parente
du Gouverneur de Bordeaux, être en relation avec lui, quel
titre dans un Couvent ! quel titre à Milhaud ! Si elle fonde
fur cette correfpondance quelque efpoir, c'eft que le crédit
prodigieux de M. le Maréchal pourra l'arracher à la captivité
où l'a réduite l'autorité de fes parens, c'eft qu'il la délivrera du
joug importun auquel leur fageffe & leur prudence ont cru
devoir l'affujettir, c'eft que M. le Maréchal la conduira malgré eux au centre de la diffipation & des plaifirs, c'eft que...
qui peut deviner toutes les efpérances qu'elle a conçues ?
Mais à coup fûr ce ne font point celles de trouver dans cette

M

correfpondance des fignatures pour les calquer au bas de plufieurs billets, d'y prendre çà & là des phrafes & des mots
épars pour en former plufieurs lettres, & de paffer fa vie à
ce long & ridicule calquage. L'imagination d'une femme fenfi-
ble peut enfanter des chimères brillantes, & fe repaître de
douces illufions, mais elle ne s'égare point dans les vaftes
détours d'une méditation profonde, & elle repouffe loin d'elle
les fatigues d'un travail aride & d'une affiduité gênante. Non,
il n'eft pas poffible que Madame de Saint-Vincent, au fein
d'une folitude ignorée, dans le fond d'un cloître de Milhaud,
ait formé le projet d'attenter, par le plus habile de tous les
faux, à la fortune de M. le Maréchal de Richelieu, dans un
tems fur-tout où la liberté & non l'opulence étoit pour elle le
fouverain bien, dans un tems où M. le Maréchal feul avoit
affez de crédit pour lui rendre cette liberté chérie, dans
un tems enfin où cette femme trop crédule le regardoit
comme un protecteur, un parent & un ami. . . . .
Enfin arrive ce moment fatal où M. le Maréchal rompt les
liens facrés qu'avoit tiffus la fageffe d'une famille entiere, &
où pour fatisfaire à fes caprices, il plonge le poignard dans le
fein d'un pere, d'un mari, de deux enfans, à qui il enleve
une fille, une femme, une mere ; par lui Madame de Saint-
Vincent eft conduite à Poitiers, & bientôt à Paris. Quels ont
dû être en ces lieux les projets de cette femme infortunée !
Elle avoit enfreint l'autorité d'un jugement domeftique, elle
avoit élevé, entre fa famille & elle, une barriere infurmonta-
ble, elle n'avoit plus rien à attendre de cette famille, dont
elle avoit méprifé les confeils & les ordres. Son féducteur, fon
complice, M. le Maréchal, étoit le feul appui qui pût lui refter, c'étoit-là fon unique reffource. La perdre eut été tout

perdre, & l'on veut que dans cette fituation, au milieu de cet abandon général, elle ait conçu le deffein de fabriquer des titres & des faux contre celui en qui feul elle efpere ! Il n'eft pas un homme dans l'Europe entiere, qui eut ofé alors choifir M. le Maréchal de Richelieu pour l'objet de fes rapines ; un mot, un regard de cet homme tout-puiffant, eût précipité dans l'abyme de tous les malheurs, le fauffaire infenfé qui auroit élevé fes regards jufqu'à lui ; & une femme timide, qui étoit entierement dans la dépendance de M. le Maréchal, une femme.... Non, encore une fois, non, il n'eft pas poffible, & cette impoffibilité eft démontrée pour quiconque raifonne & connoît un peu la marche du cœur humain, il n'eft pas poffible que Madame de Saint-Vincent ait formé un tel projet. L'odieux projet d'un faux n'eft point fait pour elle : mais quand elle feroit née, comme le dit M. le Maréchal, *pour fabriquer des faux, quand fon ame en feroit nourrie* *, ce n'eft point lui qu'elle auroit choifi pour rendre victime de fes rares talens, elle auroit, s'il eft permis de parler ainfi, boulverfé toutes les fortunes du monde, avant de s'en prendre à la fienne. Elle auroit forgé des billets fur des millionnaires, fur des Banquiers, fur tout l'univers, fi l'on veut, mais non pas fur M. le Maréchal de Richelieu. Une feule fignature fur Peixotto bien calquée, bien reffemblante, auroit fuffi à fes vues intéreffées, & ne l'eût point expofée à des dangers de toute efpece. Si le Banquier eût voulu réclamer & fe plaindre, M. le Maréchal lui-même auroit embraffé hautement la défenfe *de fa chere & bonne coufine*, il l'eût appuyée de tout fon crédit, il eût fait pour elle tout ce qu'il fait aujourd'hui contre elle ; il eût employé à faire triompher un faux, les armes dont il fe fert aujourd'hui pour combattre une vérité, & peut-être il ne man-

* Page 110.

que à Madame de Saint-Vincent que d'avoir commis un crim'
pour n'être pas traitée en coupable.

C'est peu d'enfanter un projet, il faut pouvoir l'exécuter.
Madame de Saint-Vincent n'a point imaginé celui du faux
qu'on lui impute, il est impossible de le penser, mais prêtons-
nous à tout & admettons pour quelques instans les suppofi-
tions les plus ridicules. Ce projet conçu, quelle en feroit
l'exécution ?

I I°.

En formant le projet d'un faux, Madame de Saint-Vincent n'auroit pu avoir d'autre intention que celle de fe procurer une fortune aux dépens de M. le Maréchal, & elle
auroit choifi, fans doute, les plus fimples, les plus prompts
de tous les moyens qui peuvent conduire à ce but. Or, de
tous ces moyens, celui de contretirer à la vitre, s'il n'eft pas
abfolument impoffible, eft tout au moins le plus long, le plus
compliqué, le plus difficile. Pourquoi donc Madame de Saint-
Vincent l'auroit-elle adopté de préférence ? Et en lui fuppofant
cette adoption de mauvais goût, auroit-elle pu s'affujettir à la
gêne du travail affidu qu'elle exige ? Auroit-elle eu la patience
d'en dévorer les lenteurs, les fatigues & l'ennui ? Qu'on fe rappelle toutes les précautions, tous les foins qu'il auroit fallu prendre
pour calquer douze fignatures, *douze bons pour* & vingt-deux
lettres. Répéter douze fois le nom de M. *le Maréchal Duc de
Richelieu ;* répéter douze fois, *bon pour* foixante mille, *bon
pour* quarante mille, &c. fans type, fans modele pour *ces bons
pour ;* fabriquer vingt-deux lettres fauffes en prenant dans une
letre véritable, tantôt une ligne, tantôt une phrafe, tantôt
un mot; adopter à un fens fuivi ces lambeaux incohérens;
les choifir dans cent lettres différentes, attacher, détacher fans

ceſſe ces lettres qu'il faut coller à la vitre ; changer, à chaque inſtant de papier, de baſe, de poſition ; nous l'avons déja dit, ce grand œuvre eſt au-deſſus de l'eſprit humain, & il n'eſt que des Experts ignorans qui puiſſent en ſoutenir la poſſibilité & l'exiſtence. Mais qui oſera pouſſer le délire au point de croire que Madame de Saint-Vincent a été capable de toutes ces attentions & de tous ces détails ? Qui, Madame de Saint-Vincent ! cette femme dont l'imagination eſt ſi impétueuſe, dont l'ame eſt ſi active, dont le cœur eſt ſuſceptible de tant de ſentimens divers, cette femme que le moindre obſtacle déconcerte, que la plus foible contrariété révolte, que la plus légere contrainte impatiente, cette femme qui plaît peut être par l'originalité de ſes idées, qui enchante par les ſaillies de ſon eſprit, mais qui n'a ni ordre ni ſuite dans ſes projets, & qui eſt incapable de tout ouvrage ſérieux & réfléchi, cette femme auroit exécuté un faux qui exige des calculs profonds, des idées non interrompues, un travail conſtant, un eſprit tranquile, une ame froide, un courage invincible, une adreſſe magique, une patience infatigable ! Non, il n'eſt perſonne qui, connoiſſant Madame de Saint-Vincent, ne ſoit convaincu que ce faux eſt abſolument impoſſible pour elle, qu'il eſt l'oppoſé de ſa maniere d'être & de ſentir, & qu'elle ne peut être coupable, par cela ſeul qu'elle eſt Madame de Saint-Vincent.

Suppoſons encore tous ces talens à Madame de Saint-Vincent, & ne craignons pas de pénétrer juſques dans les replis les plus ſombres du ſyſtéme de M. le Maréchal, plus on l'approfondit, plus on le trouve rempli de contradictions, d'inconſéquences, d'abſurdités de toute eſpéce ; elles s'offrent en foule à mes regards : je ne ſçai auxquelles m'arrêter.

Je me rappelle d'abord l'origine & les détails de ces billets, leurs changements fucceffifs avant de parvenir au point où ils font aujourd'hui, & je ne puis croire qu'on accufe Madame de Saint-Vincent de les avoir faits. L'hiftoire de ces billets répugne à une pareille fuppofition. S'ils devoient le jour à la main d'un fauffaire ils n'euffent pas été faits ainfi, ils n'euffent pas effuyé tant de mutations différentes. Je n'ai pas oublié que le premier de tous ces billets étoit conçu en cette forme. *Je prie M. Pefchot de donner à Madame de Saint-Vincent les cent mille écus qui lui appartiennent, dont je le tiendrai quitte pour toujours.* Il eft impoffible que cette forme foit jamais mife en ufage par celui qui cherche à fe faire un titre férieux & à gagner cent mille écus. Jamais on ne fe fervira de ces mots vuides de fens, dont tout l'effet feroit de fe tromper foi-même. Quel eût été le deffein de Madame de Saint-Vincent en fe forgeant un pareil titre? *Je prie ... de payer ... les cent mille écus QUI LUI APPARTIENNENT.* Si ces cent mille écus lui appartenoient, pourquoi faire un faux billet pour les toucher? S'ils ne lui appartenoient pas, comment lui feroient-ils remis par ce faux billet? A quoi lui ferviroit ce faux billet? Cette réflexion eft fi fimple que tout le monde l'auroit faite, & elle fuffit pour démontrer qu'une forme femblable n'a pu être l'ouvrage de Madame de Saint-Vincent, qui auroit cherché, fans doute, à fe faire un titre obligatoire & non un titre illufoire & vain.

Il eft ridicule d'attribuer cette forme trompeufe à l'ignorance d'une femme qui connoît peu la maniere dont fe font les actes obligatoires. Une femme qui fçauroit calquer des fignatures & des lettres, & qui feroit de cet art merveilleux fon occupation journaliere, ne feroit pas fi *ignorante*, & elle fçauroit au moins comment doivent être conçus les titres fur lefquels elle fonderoit tout l'efpoir de fa fortune. D'ailleurs,

» eſt prouvé au procès, que Madame de Saint-Vincent conſulta, quelque temps après avoir reçu ce mandat de M. le Maréchal, un Avocat ſur la valeur de ce billet. N'eſt-il pas évident que ſi elle l'eût calqué, elle auroit conſulté l'Avocat avant le calquage & non pas après ; elle n'auroit pas attendu la fin de ſon opération pour s'informer de la maniere dont elle devoit la faire.

Ce mandat informe eſt remplacé à différentes époques par deux autres titres de cent mille écus chacun, qui ſe ſuccédent & ſe détruiſent mutuellement. L'augmentation de ces titres n'enrichit pas Madame de Saint-Vincent ; les uns ne ſont que la deſtruction des autres. Pourquoi donc auroit-elle fabriqué tous ces titres ? Pourquoi, ſi elle a fait un premier titre de cent mille écus, le déchirer pour y en ſubſtituer un ſecond ? Eſt-ce la forme qui en eſt mauvaiſe , ou la valeur qui en eſt exceſſive ? Mais elle revient encore deux fois à cette même valeur ? mais cette forme changée & devenue bonne, elle recommence encore à nouveaux frais ! On diroit qu'elle ne cherche qu'à multiplier ſans intérêt & ſans cauſe, des faux qui coûtent tant de peines & de ſoins , & qu'elle ne connoît d'autre plaiſir que celui de calquer. Pourquoi encore , lorſqu'elle prie M. Gariſſon de la Tour de lui donner des modeles de billets ; pourquoi, lorſque cet homme honnête & inſtruit , fait de ſa main le corps de ſix billets , n'auroit-elle pas calqué les ſix billets ? Pourquoi n'en auroit-elle calqué que trois? Pourquoi calquer celui de cent mille écus , pour le faire couper enſuite en dix autres ? Pourquoi ne pas faire dès-lors ces dix petits billets ? Pourquoi recourir à une écriture étrangere , & ſupporter de nouveaux travaux ? Pourquoi... ces pourquoi ne finiroient pas. On marche d'erreurs en erreurs en ſuivant le ſyſtême de M. le Maréchal , & l'on ne peut croire au faux dont il accuſe Madame de

Saint-Vincent, qu'en renvèrfant toutes les idées reçues , &
en adoptant les chimeres les plus abfurdes.

Si la fabrication de tous ces billets eft révoltante , celle des
lettres l'eft encore plus ; elle eft une extravagance inconcevable. Accordons à Madame de Saint-Vincent la volonté &
le pouvoir de faire un faux. Dans cette hypothéfe même ,
pourquoi auroit-elle fait des lettres fauffes , pourquoi auroit-
elle calqué des lettres fauffes ? Que l'on fabrique des
billets , ce crime a un objet , c'eft pour en faire de l'argent. Mais fabriquer des lettres ! Encore une fois , pourquoi ces lettres? Madame de Saint-Vincent avoit en fon pouvoir affez de lettres véritables de M. le Maréchal , elle avoit
entretenu avec lui une correfpondance fuivie & facile à prouver ; elle n'avoit donc pas befoin de faire des lettres fauffes.
De grace, pourquoi ces lettres ?... C'étoit , dira-t-on, pour
fe fabriquer des titres à l'appui de fes billets ! Mais un billet
n'eft-il pas un titre par lui-même , & a-t-il befoin d'un autre
titre ? Un billet ne peut-il pas être donné fans avoir été an-
noncé & promis par des lettres , & faut-il juftifier l'un par
l'autre ? Que Madame de Saint-Vincent prétende avoir reçu
de la main à la main les billets de M. le Maréchal, ira-t-on
lui demander d'en prouver la vérité par des lettres ? Ne fuf-
fit-il pas que M. le Maréchal donne; faut-il encore qu'il écrive ?
Ces lettres étoient donc parfaitement inutiles aux vues que
l'on fuppofe à Madame de Saint-Vincent , & pouvoient devenir très-dangereufes. Or , un fauffaire ne fabrique point des
titres inutiles & périlleux, Madame de Saint-Vincent n'a donc
point fait des lettres arguées de faux.

Allons plus loin, & accordons que des lettres fauffes fuffent utiles aux deffeins de Madame de Saint-Vincent ; au
moins avouera-t-on qu'il n'en falloit qu'un très-petit nombre :

une

une feule peut-être eût fuffi. Pourquoi donc Madame de Saint-Vincent en auroit-elle fait plus d'une , plus de quatre , plus de dix , plus de vingt ; pourquoi en auroit-elle fait vingt-deux ? Vingt-deux lettres auroient-elles été néceffaires à Madame de Saint-Vincent pour établir la vérité des billets ? Ou bien auroit-elle multiplié , fans intérêt & fans caufe , le nombre de ces lettres dont la fabrication doit être fi pénible ?

Ne nous laffons point de confentir à des fuppofitions ridicules , & admettons encore qu'il entroit dans les vues de Madame de Saint-Vincent de fabriquer des lettres , & qu'il lui étoit néceffaire d'en fabriquer vingt-deux , au moins il eft inconteftable qu'elle ne les eût fabriquées que pour fervir de titre & d'appui aux billets. Ces lettres parleroient donc des billets , les annonceroient , les promettroient , en fuppofe-roient l'exiftence , la vérité , & ce feroit-là leur unique objet, Or, de ces vingt-deux lettres , il n'en eft que neuf qui aient quelque rapport avec l'affaire des billets. C'eft un fait qui eft fous les yeux de la Cour , & dont M. le Maréchal convient *. Comment donc pourroit-il fe faire que fabriquant vingt-deux lettres à l'appui des billets , Madame de Saint - Vincent n'eût parlé des billets que dans neuf lettres ? Comment pourroit-il fe faire qu'elle eût oublié dans la compofition de fes lettres le feul intérêt qui les lui faifoit compofer , & que la feule chofe qu'elle eût eu deffein d'y inférer fût la feule chofe qu'elle n'y inférât pas ? Comment pourroit-il fe faire que la main qui n'auroit calqué que pour fe faire des titres ne fe fût pas fait des titres ? Non, il n'eft pas poffible que Madame de Saint-Vincent eût forgé des lettres , fi ce n'eût été pour juftifier les billets ; il n'eft pas poffible que voulant juftifier des billets par des lettres , elle n'eût fait aucune mention de ces billets dans ces lettres : il n'eft donc pas poffible que Madame de Saint-

* Pages 93 & 102.

Vincent ait fait les vingt-deux lettres arguées de faux. Cet argument est invincible, ou il faut renoncer à tout ce que l'on appelle certitude & évidence ; si cela n'est pas démontré, rien au monde ne peut l'être.

Il est donc constant que ces vingt-deux lettres arguées de faux ne peuvent être l'ouvrage de Madame de Saint‑Vincent. Ces lettres étoient inutiles à ses projets, & elle n'auroit point fabriqué des lettres inutiles. Le plus grand nombre de ces lettres ne parle pas des billets, & elle n'en eut fait que de relatives aux billets. D'ailleurs elles sont écrites d'un style ambigu ; à peine peut-on les entendre. Il n'est que les obscénités qui y soient exprimées sans fard & sans voile, tout le reste y est énigmatique. On diroit que leur auteur ait voulu s'envelopper, excepté sur cet objet, dans une obscurité mystérieuse, & cacher d'un côté les promesses qu'il laissoit appercevoir de l'autre. Telle n'est pas la marche d'un faussaire. Dès que ses moyens de tromper sont pris, les expressions ne lui coûtent gueres, & il trouve au bout de sa plume tout ce que la langue offre de plus expressif & de plus énergique. Si Madame de Saint-Vincent avoit fabriqué des lettres pour supposer des promesses de M. le Maréchal, elle eût donné à ces promesses & à ces lettres une clarté non équivoque. Je vous donnerai 100000 écus, auroit-elle dit dans l'une ; je vous envoye le billet de 100000 écus que je vous avois promis, auroit-elle dit dans l'autre, & elle n'eût employé ni circonlocutions, ni ambiguité, ni détour. Ajoutez que dans ces lettres il se trouve des détails dont Madame de Saint-Vincent ne pouvoit être instruite, & qui ne peuvent venir que de M. le Maréchal lui-même. On lit dans une de ces lettres : *Le Roi est dans un grand embarras de Ministres, & je suis à la Cour plus pour le Duc que pour moi.* Nous le demandons à tout lecteur impartial, comment

Madame de Saint-Vincent, reléguée au Couvent de la Miſéricorde, n'approchant jamais de la Cour, ſe ſouciant peu des
nouvelles politiques, pouvoit-elle ſçavoir que le Roi étoit
dans l'embarras des Miniſtres? comment pouvoit-elle être inſ-
truite que M. le Maréchal ne reſtoit pas à la Cour pour lui,
mais pour le Duc, & quand elle eût connu tous ces détails,
en eût-elle fait mention, les eût-elle calqués dans une lettre?
Eſt-ce donc dans une lettre, forgée à l'appui d'un billet, que
l'on parle des intrigues de la Cour; & pour prouver que M. le
Maréchal a promis 100000 écus à Madame de Saint-Vincent,
va-t-on dire que le Roi eſt dans l'embarras des Miniſtres, &
que c'eſt pour le Duc que M. le Maréchal reſte à Fontainebleau?

Tout annonce, tout démontre que ces lettres n'ont pu ſortir
des mains de Madame de Saint-Vincent. Ce ſeroit le comble
de la démence de penſer qu'elle a pu les contre-tirer à la
vitre ſur des mots épars, pris çà & là dans des lettres véritables. Mais quand elle auroit été douée des talens magiques
que ſuppoſe cette opération, le nombre des lettres prétendues
calquées, les détails qu'elles contiennent, l'oubli d'y parler
des billets, la maniere obſcure & vague dont ils en font mention, tout porte juſqu'à l'évidence la démonſtration la plus
complette, que ce n'eſt pas ainſi qu'euſſent été faites ces lettres, ſi elles avoient été faites par un fauſſaire. Mais ſi elles
ne ſont point l'ouvrage de Madame de Saint-Vincent, elles
ſont celui de M. le Maréchal; mais s'il eſt impoſſible que Madame de Saint-Vincent les ait faites, il eſt évident qu'elle les
a reçues de M. le Maréchal. La conſéquence eſt certaine. Que
M. le Maréchal nous permette encore quelques réflexions ſur
cette conſéquence.

§. I I I.

Autant il eſt ridicule d'imputer à Madame de Saint-Vincent

un calquage impoſſible, autant il eſt naturel d'attribuer à **M.** le Maréchal l'envoi des lettres & le don des billets. Ce n'eſt plus alors qu'un de ces événemens ordinaires, peu faits pour fixer les regards & l'attention du Public, & que rien ne contrarie & ne détruit, tandis que l'hypothèſe contraire eſt un tiſſu monſtrueux d'abſurdités, de contradictions, d'inconſéquences de toute eſpèce. Quoi de plus ſimple que M. le Maréchal de Richelieu ait entretenu une correſpondance ſuivie avec une femme de la premiere qualité, dont il ſe fait gloire d'être le parent? Quoi de plus ſimple que l'imagination ardente de cette femme étourdie ait embraſé la ſienne de tous les feux de la paſſion, & que dans la vivacité de ſes deſirs : . . . je m'arrête. Ma plume ne tracera que des tableaux avoués par l'honnêteté la plus ſévere : mais en jettant ſur tous ces détails le voile de la décence, on n'en eſt pas moins en droit de conclure que M. le Maréchal a écrit à Madame de Saint-Vincent les lettres qu'il méconnoît aujourd'hui, & qu'il lui a donné les billets qu'il déſavoue.

M. le Maréchal ne peut pas nier d'avoir pris le plus tendre intérêt au ſort de ſa parente, de l'avoir conduite, du fond d'un cloître, ſur ſon paſſage de Bordeaux, d'avoir témoigné le plus grand deſir de contribuer à ſon bonheur, d'avoir accordé à ſa recommandation des faveurs & des graces ; il lui écrivoit ſans ceſſe, il en parloit ſouvent, & avec beaucoup de plaiſir. J'aime, diſoit-il, cette tête folle ; je ferai tout pour elle. Madame de Saint-Vincent, qui attendoit tout de lui, pouvoit bien ſans doute ne pas ſonger à faire des titres faux contre lui ; mais M. le Maréchal pouvoit bien de ſon côté ſonger à lui en donner de vrais.

M. le Maréchal ne peut pas nier qu'il n'ait entretenu une correſpondance très-longue & très-familiere avec Madame de

Saint-Vincent. Pourquoi les lettres qu'il défavoue ne feroient-
elles point le fruit de cette correfpondance, plutôt que l'effet
du calquage?

Enfin, M. le Maréchal ne peut pas nier qu'il n'ait reçu un
grand nombre de lettres de Madame de Saint-Vincent. Qu'il
produife ces lettres, qu'il mette fous les yeux de la Juftice celles
qu'il a reçues à l'époque des billets, l'on trouvera dans ces
lettres, tantôt la peinture touchante de la mifere où Madame
de Saint-Vincent étoit plongée, tantôt l'expreffion de la plus
vive reconnoiffance pour les billets que lui avoit donnés M. le
Maréchal. Ici elle les lui demande; là elle l'en remercie. M.
le Maréchal a confervé les lettres de Madame de Saint-Vincent,
puifqu'il en eft quelques-unes qu'il rapporte lui-même, & dont
il cherche à tirer des inductions contre elle. Qu'il rapporte également celles dont nous lui parlons, nous lui en faifons publiquement le défi.

Mais pourquoi toutes ces lettres? il n'en faut qu'une pour
démontrer fans réplique que M. le Maréchal a donné des
billets, & cette lettre exifte. Au nombre de celles qui font
dépofées, il s'en trouve une par laquelle M. le Maréchal mande
à Madame de Saint-Vincent qu'il lui envoye une lettre de
change, & de confulter le fieur de Vedel pour qu'il l'aide à
fortir des embarras où elle s'eft jettée avec une inconfidéra-
tion fans exemple. Cette lettre de change n'étoit autre chofe
que le fecond titre de 100000 écus fubftitué au premier
mandat. Les tems font changés, & ce n'eft pas là ce que
M. le Maréchal voudra entendre aujourd'hui; mais, quelle
que foit fa maniere, *cette lettre de change* n'en eft pas moins
contradictoire avec fon fyftême. Il affirme n'avoir jamais
donné d'argent à Madame de Saint-Vincent; qu'il ne lui a
jamais promis, jamais envoyé de billets d'aucune efpece. *Si
les importunités de Madame de Saint-Vincent*, dit-il, * ont   * Page 38.

pu lui procurer quelques secours de M. de Richelieu, les plus considérables n'ont pas passé six ou douze louis. Il affirme également n'avoir pas parlé dans ses lettres de M. de Vedel ; n'avoir eu avec lui aucune relation d'intérêt quelconque. Voilà donc M. le Maréchal évidemment en contradiction avec lui-même ; voilà ses discours démentis par ses écrits ; voilà ses assertions détruites par ses lettres ; il n'est pas moyen de concilier les unes avec les autres. Il faut que la fausseté, de part ou d'autre, paroisse à découvert. D'un côté, il n'a jamais donné d'argent à Madame de Saint-Vincent ; à peine lui a-t-il accordé *six* ou *douze louis* par pitié, par *importunité* ; & de l'autre, il lui envoye une lettre de change pour se tirer des embarras où elle s'est jettée. D'un côté, il n'a jamais parlé de M. de Vedel dans ses lettres, & de l'autre, il écrit de consulter M. de Vedel pour l'emploi d'une lettre de change. A qui donc faut-il croire ? A M. le Maréchal qui écrit qu'il envoye, ou à M. le Maréchal qui soutient qu'il n'a pas envoyé. A M. le Maréchal qui écrit de s'adresser à une personne qu'il nomme, ou à M. le Maréchal qui prétend n'avoir jamais nommé cette personne. Semblable à cette femme qui appelloit du jugement de Philippe rendu dans l'yvresse, au jugement du même Philippe rendu lorsqu'il étoit à jeun, Madame de Saint-Vincent appelle des assertions que fait M. le Maréchal dans la chaleur de son procès, aux assertions de M. le Maréchal lui-même faites dans des tems plus tranquilles & plus vrais.

Au reste, que cette lettre ne cause aucune inquiétude à M. le Maréchal ; nous allons lui donner le moyen d'y répondre. C'est de l'arguer de faux. Pourquoi cette lettre impudente, qui ose parler d'argent, a-t-elle échappé à la proscription des vingt-deux ? Pourquoi ne seroit-elle pas fausse comme elles ?... Vîte, vîte, qu'on l'argue, qu'elle soit fausse ! elle le sera, & Pail-

laſſon y trouvera, *en honneur & conſcience*, des caraɛteres évi-
dens de fauſſeté. Que s'il vient enſuite quelqu'autre lettre dont
Madame de Saint-Vincent prétende tirer avantage, on l'arguera,
& elle fera fauſſe à ſon tour. M. le Maréchal a bien voulu
n'en arguer d'abord que vingt-deux, mais il ne *s'eſt pas expliqué*
ſur les quinze autres ; & en conſéquence de cette non expli-
cation, il peut encore les frapper d'anathême. Eh ! pourquoi
n'y auroit – il pas vingt-trois lettres calquées auſſi bien que
vingt-deux ? Pourquoi n'y en auroit – il pas vingt – quatre ?
Pourquoi les trente – ſept ne le feroient – elles pas ? Les
travaux d'Hercule s'étoient bornés à douze ; mais ceux de
Madame de Saint-Vincent n'ont pas de limites ; & fuſſent-ils
par-delà les colonnes les plus inacceſſibles, il faudroit y croire,
puiſque M. le Maréchal nous aſſure qu'elles les a faits.

Mais ſi M. le Maréchal lui-même n'avoit pas fait ces billets,
auroit-il donné à l'Europe entiere le ſpeɛtacle ſcandaleux du
plus horrible procès qui puiſſe exiſter? Les annales de la juſtice
n'offrent peut-être pas d'exemple d'une procédure ſemblable ;
& c'eſt là pour quiconque veut y réfléchir une preuve que M.
le Maréchal a fait les billets, auſſi évidente que s'il avoit vu
de ſes propres yeux la main de M. le Maréchal ſigner ces
billets funeſtes.

Ces billets ſont livrés à la négociation, & la foudre s'allume
dans les mains de M. le Maréchal. Il ſollicite une lettre de
cachet, il l'obtient, & le Commiſſaire Cheſnon ſe tranſporte
avec un Inſpeɛteur de Police & vingt hommes armés au couvent de la Miſéricorde. Là, ſans vouloir montrer ſes ordres,
ſans égards pour Madame de Saint-Vincent, ſans reſpeɛt
pour ſon ſexe & pour ſa naiſſance, il renverſe ſes commodes
& ſes ſecrétaires, il viſite tous ſes papiers, il ſe ſaiſit de toutes
ſes lettres, il fouille juſques dans ſes poches, il emporte tout,
& Madame de Saint-Vincent eſt conduite à la Baſtille.

Qu'il eſt effrayant pour toutes les ames honnêtes, ce cruel abus du pouvoir ! Si ſans décret, ſans information, ſans certitude de crime, un citoyen pouvoit être enlevé à ſes affaires, à ſes amis, à ſa famille, & enchaîné tout-à-coup ſur le ſimple expoſé d'un homme en place, des triſtes liens de la captivité, que deviendroient la liberté & la ſureté publique ? que deviendroit tout ce qu'il y a de plus cher & de plus ſacré parmi les mortels ? & quel a donc pu être le motif de M. le Maréchal pour recourir à ces voies oppreſſives ? pourquoi cette lettre de cachet ? pourquoi cette Baſtille ? pourquoi ce Commiſſaire Cheſnon ? pourquoi cet Inſpecteur de police ? pourquoi ces ſatellites ? pourquoi cet enlevement de papiers ? Ah ! faut-il le demander ? C'eſt que M. le Maréchal a fait des billets ; c'eſt qu'il a écrit des lettres ; c'eſt qu'avant de les déſavouer & de les méconnoître, il veut s'emparer de toutes les pieces qui peuvent en conſtater la certitude & l'exiſtence, c'eſt qu'avant de dire à Madame de Saint-Vincent : vous avez contrefait ma ſignature, il veut s'aſſurer s'il n'eſt pas au pouvoir de Madame de Saint-Vincent de confondre cette lâche calomnie ; c'eſt qu'il veut lui en enlever les moyens. Suivez la marche de M. de Richelieu, elle eſt toute dirigée vers ce but ; il n'a point eu & il n'a pu avoir d'autre intention.

Un Tribunal incompétent eſt érigé, & l'on procede à une inſtruction extrajudiciaire. On interroge Madame de Saint-Vincent, on entend des témoins, & c'eſt le Commiſſaire Cheſnon qui préſide à cette opération ténébreuſe. Mais quel peut être l'objet de ces interrogatoires & de ces dépoſitions de témoins ? Qu'importe au Commiſſaire Cheſnon & à tout autre, puiſque la Juſtice n'eſt point encore ſaiſie de cette affaire, tous les détails concernant ces billets ? Que lui importe ce que Madame de Saint-Vincent penſe de ces billets & ce

qu'elle

qu'elle en dit ? Que lui importe ce que ceux qui les connoif-
fent en penfent & en difent? On ne peut fuppofer que ce
Commiffaire fe croye Partie capable de prononcer fur ces
billets, & de décider s'ils font de M. le Maréchal ou s'ils n'en
font pas, s'ils font vrais ou s'ils font faux ; une telle extravagance ne fe préfume pas. Pourquoi donc interrogeoit-il
Madame de Saint-Vincent ? Pourquoi recevoit-il les dépofitions de fes témoins ? C'eft qu'il ne falloit ignorer aucune des
reffources qui pouvoient opérer la juftification de Madame
de Saint-Vincent, c'eft qu'il falloit ne lui en laiffer aucunes.

Auffi ces témoins font à peine entendus, qu'ils difparoiffent
& qu'ils n'exiftent plus pour elle. Une baguette magique les
a frappés, & ils font métamorphofés en coupables. Ils croyent
que les billets font vrais, ils le dépofent, & voilà qu'ils font
accufés d'être les complices, les coopérateurs, les fauteurs
de ce faux. Ils n'ont pas commis d'autre crime, & l'on
défie M. le Maréchal qui a follicité leurs decrets, & l'on
défie le fieur Bachois qui les lui a accordés *à fes rifques, péril
& fortune*, d'en indiquer une autre caufe. Qu'avoit fait le fieur
de Vedel qui affirmoit avoir vu & lu à Poitiers des lettres de
M. le Maréchal, où il promettoit de l'argent à Madame de
Saint-Vincent, qui affirmoit avoir porté à Paris les billets à
l'Hôtel de M. le Maréchal de Richelieu. Qu'avoit-il fait ? Y
avoit-il, on ne dit pas une feule preuve, mais la plus légere
préfomption contre lui ? Et en ce moment où M. le Maréchal l'accufe de complicité, où va-t-il puifer les moyens dont
il étaye cette fauffe accufation ? N'eft-ce pas dans les liaifons
de M. de Vedel avec Madame de Saint-Vincent ? N'eft-ce
pas dans les lettres de la dame de Saint-Vincent à M. de
Vedel ? Or, ni les liaifons, ni les lettres, ni rien de tout ce
que l'on allegue aujourd'hui n'étoit connu alors ; qu'avoit-il

O

donc fait ? Pourquoi le décréter ? C'eſt qu'on avoit vu dans ſa dépoſition de la Baſtille qu'il étoit inſtruit de la vérité des lettres & des billets ; c'eſt que l'on avoit vu que ſon témoignage étoit du plus grand poids en faveur de Madame de Saint-Vincent, & qu'il falloit le lui enlever. Qu'avoit fait l'Abbé Froment ? Cet Eccléſiaſtique de mœurs ſi douces & ſi honnêtes! pourquoi l'accuſer ? C'eſt que l'on avoit vu par l'information de la Baſtille, que Madame de Saint-Vincent étoit dans ſa chambre lorſqu'elle reçut le paquet qui contenoit les trois billets ſignés de M. le Maréchal ; c'eſt qu'il avoit apperçu le laquais ; c'eſt qu'il avoit lu les billets au moment où Madame de Saint-Vincent venoit de les décacheter ; c'eſt qu'il étoit convaincu de la vérité des billets, & qu'il falloit priver Madame de Saint-Vincent d'un témoin auſſi dangereux pour M. le Maréchal. Qu'avoit fait l'Abbé de Villeneuve, jeune Eccléſiaſtique, fait pour prétendre à tout, à qui l'on a fait perdre ſa ſanté, ſa fortune & ſon état, & qui n'a été détenu pendant onze mois dans les horreurs des priſons, que parce qu'il avoit eu la noble fermeté de croire que ſa tante n'étoit pas fauſſaire ? Qu'avoit fait l'Abbé de Trans, contre qui, dans le cours de cette longue procédure, l'on n'a pu alléguer le plus léger reproche ? Qu'avoit fait le ſieur Benavent qui n'avoit connu Madame de Saint-Vincent que long-tems après que les billets étoient en ſa poſſeſſion, & qui ne s'étoit chargé de les négocier que par zèle, & par le deſir d'obliger ? Qu'avoit fait le ſieur de Préville, qui avoit acheté un de ces billets, après s'être aſſuré auprès du Notaire de M. le Maréchal qu'il ſeroit exactement payé, & qui avoit pris toutes ſortes de précautions pour en acquérir la certitude ? Qu'avoit fait la dame le Roy ? Qu'avoit fait Rubit ? qu'avoit fait Dubois ? Qu'avoient fait tous ceux contre qui le ſieur Bachois lançoit au gré de M. le Maréchal les décrets les plus injuftes ? . . . Il eft heureux fans doute que ce puiffant accufateur ait mis lui-même un terme au nombre de ces décrets ; à juger de la complaifance du fieur Bachois, par ce qu'il a fait, on ne voit pas trop où elle fe fût arrêtée ; & fi Paris & tous fes fauxbourgs n'ont pas été décrétés, c'eft que M. le Maréchal a bien voulu ne pas l'exiger de M. le Lieutenant criminel du Châtelet.

Il eft évident que tous ces accufés ne le font que parce qu'ils pouvoient fervir de témoins à Madame de Saint-Vincent, & il n'eft pas moins évident que M. le Maréchal n'a enlevé à Madame de Saint-Vincent fes témoins que parce que lui-même a fait les lettres & les billets. S'il n'en étoit pas l'auteur, il n'auroit pas eu recours à tous ces moyens odieux & vexatoires . . . . . . Suppofons que M. le Maréchal n'ait jamais donné de billets à Madame de Saint-Vincent, & que Madame de Saint-Vincent faffe courir dans le commerce des billets, prétendus fignés de lui, quel fera alors la maniere dont M. le Maréchal s'oppofera à cette efcroquerie ? Ce fera à coup fûr celle d'avertir le Public de la fauffeté, afin qu'elle ne trompe perfonne ; ce fera celle d'inférer dans toutes les nouvelles publiques, d'annoncer chez tous les Notaires qu'il court fous fa fignature des billets qui font faux ; ce fera celle de défavouer folemnellément la négociation des billets & les billets eux-mêmes ; mais ce ne fera jamais celle de rendre une plainte en faux, d'intenter une accufation criminelle contre Madame de Saint-Vincent. Pourquoi s'expoferoit-il aux défagrémens inféparables d'un tel procès ? Pourquoi fe donneroit-il tant d'embarras & de peines ? Il n'a qu'à refter tranquille, on ne lui demande rien, & ce n'eft pas lui que l'on trompe. Lorfque l'on lui repréfentera les billets, c'eft alors qu'il s'infcrira en faux, c'eſt alors qu'il les arguera de faux, c'eſt alors qu'il prouvera qu'ils ſont faux, c'eſt alors . . . . Mais non; on ne les lui repréſentera jamais. Ces billets déſavoués par lui, n'auront point trouvé d'acquéreurs, & il lui aura ſuffi d'avoir déclaré chez un Notaire, ou dans une Gazette, qu'il n'a pas fait les billets, pour que Madame de Saint-Vincent ne retire de toutes ſes tentatives que la honte de les avoir formées ſans ſuccès.

Il n'eſt perſonne qui ne ſente que telle auroit été néceſſairement la conduite de M. le Maréchal, s'il n'eût pas fait les billets qu'il déſavoue. Son repos, ſon intérêt la lui preſcrivoient, & combien d'autres raiſons dictées par la délicateſſe & l'honneur lui en euſſent impoſé le devoir le plus ſacré? Si Madame de Saint-Vincent eût été coupable, il n'eût pas été ſon dénonciateur. Il n'eût pas ſollicité la ſévérité de la Juſtice contre une femme de qualité, ſa parente, contre une femme qu'il a aimée . . . ah! plutôt il ſe feroit jetté entre elle & la main qui auroit voulu la frapper, il l'eût arraché à tous les dangers qui l'auroient menacées, il l'eût reconduite au fond d'un cloître ou il l'eût rendue à ſes parents. Mais cette conduite ſi ſage, ſi honnête quand on ne veut que déſavouer des billets que l'on n'a pas faits, n'eſt point praticable, quand on a fait les billets que l'on déſavoue; elle ſeroit ſujette à trop d'inconvéniens. Avertir le public que les billets ſont faux, tandis que leur vérité eſt peut-être aiſée à démontrer à tous les yeux! attendre pour s'inſcrire en faux que les billets ſoient repréſentés, tandis que le poſſeſſeur de ces billets aura peut-être entre ſes mains toutes les preuves qui conſtatent que ces billets ſont vrais! Non ce moyen n'eſt pas ſûr. Que faut-il donc faire? Ce qu'a fait M. le Maréchal de Richelieu. Il faut gagner de viteſſe & d'intrigues, il faut ſurprendre l'autorité, faifir les titres que l'on craint, piller toutes les lettres que l'on redoute, écarter tous les témoins qui fçavent quelque chofe, en faire des coupables & des complices, les précipiter dans les fers avec celui que l'on accufe. Et lorfqu'il ne leur reftera plus, ni écrit, ni témoignage, ni liberté, lorfque tout aura été la proie des Commiffaires & des décrets, alors il fera temps de dire que l'on n'a point écrit les lettres, que l'on n'a point donné des billets ; alors on pourra défier de prouver par écrit ou par témoins, que ces billets ont été donnés ; alors . . . . Il n'eft que ce moyen de défavouer avec quelqu'affurance fa fignature & fes lettres. Mais ce moyen-là même n'eft-il pas une preuve invincible que l'on eft l'auteur des fignatures & des lettres que l'on défavoue ? Oui, fans doute, & Madame de Saint-Vincent peut fe borner à cette démonftration auquel M. le Maréchal ne répondra jamais. La voie illégale & tyrannique qu'il a prife dans cette affaire n'a pu avoir d'autre objet que d'enlever à Madame de Saint-Vincent fes preuves. Madame de Saint-Vincent avoit donc des preuves que M. le Maréchal craignoit ; la conféquence eft certaine. Eh ! que l'on lui rende ces preuves . . . . . Mais non, elles font évidentes par cela même qu'elles lui ont été enlevées. Le moyen qui l'en priva, les lui rend toutes & en tient lieu lui-même. Ce moyen ne s'eft élevé que fur leurs débris, & il n'exifte que parce qu'elles exiftoient avant lui. Eh ! penfe-t-on que s'il eût été permis à Madame de Saint-Vincent, au moment que les billets étoient entre fes mains, de pénétrer avec des Commiffaires & des Satellites armés dans l'appartement de M. le Maréchal, d'y enlever tous fes papiers, d'y faifir toutes fes lettres ; que fi M. le Maréchal eût été renfermé à la Baftille, tenu en chartre pri vée , décreté de prise de corps , interrogé dans un temps où le sieur Bachois ne craignoit pas les regards peu séveres des Juges supérieurs ; que si l'on eût fait une inquisition de tous les événemens de sa vie , que si on eût examiné toutes ses actions , rappellé tous ses discours & toutes ses lettres , interprêté toutes ses intentions ; que si l'on eût rassemblé des témoins de tous les lieux qu'il a habités ; que si l'on eût informé contre lui , à Versailles , à Paris , à Bordeaux , à Minorque , à Genes , à Hanovre , il n'en seroit résulté ni présomptions qu'il défavoue des billets qu'il a donnés , ni preuves qu'il a donné les billets qu'il défavoue. Pense-t-on que Madame de Saint-Vincent n'auroit pas démontré … Il faut se taire. Madame de Saint-Vincent n'a rien à démontrer. Elle ne répete point le payement des billets , elle ne forme aucune instance contre M. le Maréchal ; ce n'est pas à elle qu'est imposé le devoir de faire preuve , c'est à son accusateur , c'est à celui qui lui impute un crime d'en administrer la preuve , c'est à lui de la convaincre qu'elle l'a commis. Si ses moyens sont insuffisans , nuls ou faux , elle est justifiée par eux-mêmes , & il ne reste à M. le Maréchal , de ce combat scandaleux , que la honte de l'avoir livré. Or , il ne résulte rien de tous les moyens de M. le Maréchal , ils ne sont que des mensonges ou des sophismes. Il ne résulte rien des preuves physiques , il ne résulte rien des preuves morales , tant vantées les unes & les autres par M. le Maréchal. Madame de Saint-Vincent est donc innocente.

Eh ! si elle eût été coupable , son crime ne seroit-il pas d'une évidence plus claire que la lumiere du jour ? On a lu tout ce qu'elle a écrit , on a informé sur-tout ce qu'elle a fait , on l'a interrogée sur tout ; un Juge prévenu qui

n'inftruifoit qu'à charge, qui jouoit le rôle odieux d'un ennemi
(1), plutôt qu'il ne rempliffoit les fonctions auguftes d'un
Magiftrat, qui, dans le cours d'un interrogatoire im-
menfe, n'a pas fait une feule queftion, n'a pas dit un
feul mot qui puiffe tendre à la décharge de l'accufée, & qui
faifoit valoir, avec tant de complaifance, les fophifmes de
M. le Maréchal dont il étoit l'orateur paffionné plutôt que
le Juge impartial ; des Experts complaifans, des témoins do-
ciles, ... L'innocence la mieux établie, la vertu même
pourroit fe changer en crime fous de tels moyens ; & malgré
eux, malgré tous leurs efforts, la juftification de Madame de
Saint-Vincent eft établie & perce de toute part. Oui, il eft
démontré qu'elle n'a point calqué des lettres & des billets, &
qu'elle n'a point commis le crime dont M. le Maréchal l'accufe.

Pourquoi donc eft né cet horrible procès ? Pourquoi cette
accufation qui retentit dans le monde entier ? Pourquoi cet
opprobre que M. le Maréchal voudroit répandre fur la tête
de Madame de Saint-Vincent ? Pourquoi cette femme trop
crédule, qu'il a arrachée à la vie paifible d'une folitude ignorée, eft-elle conduite par lui au comble des malheurs ? Pourquoi
arrofe-t-elle encore de fes pleurs les triftes murs de fa prifon ?
Pourquoi deux enfans plongés dans l'amertume & le défefpoir,
un mari vertueux, ce Magiftrat au-deffus de tout éloge .....
Illuftre famille qu'un ennemi puiffant perfécute avec un acharnement barbare ! votre efpoir ne fera pas déçu (2). Vous ferez
vengée. Juges fuprêmes de la Nation ! l'univers attend votre

____

(1) Madame de Saint-Vincent a demandé la prife à partie du fieur Bachois,
ainfi que celle du Commiffaire Chefnon ; elles ne peuvent lui être refufées, on
verra alors ce qu'ils répondront.

(2) La famille de Madame de Saint-Vincent a dénoncé à M. le Procureur Général
les délits, faits & injures dont M. le Maréchal s'eft rendu coupable envers elle.
Voyez ci-après.

Arrêt. Qu'il raſſure les citoyens alarmés , & qu'il effraye à jamais ceux qui oſent braver l'empire des Loix, qui donnent des fers à l'innocence , & pour qui rien n'eſt ſacré dès qu'il s'agit de leurs caprices & de leur intérêt. *Signé* , VENCE DE SAINT-VINCENT.

CHAMBRES ASSEMBLÉES,
Princes & Pairs y ſéant

Meſſieurs { ROLAND DE CHALLERANGE , / TITON DE VILLOTRAN , } *Rapporteurs.*

L E Conſeil ſouſſigné , qui a pris lecture du Mémoire ci-deſſus , ESTIME que les moyens qui y ſont établis , doivent aſſurer à Madame de Saint-Vincent non-ſeulement la decharge de l'accuſation intentée contre elle par M. le Maréchal de Richelieu , mais encore déterminer ſes Juges à lui accorder les dommages - intérêts qui , quelques conſidérables qu'ils ſoient , ne feront jamais proportionnés aux longues perſécutions qu'elle a ſouffertes & qu'on continue encore à lui faire ſouffrir.

Délibéré à Paris ce dix Décembre 1775. GOUPILLEAU DE VILLENEUVE.

POSTSCRIPTUM.

L A famille de Madame de Saint-Vincent ne pouvoit être in-ſenſible aux outrages ſanglans qu'elle a reçus de M. le Maréchal. Elle a porté ſes plaintes aux pieds du premier Tribunal de la Nation ,

Nation, & elle a dénoncé à M. le Procureur Général *les délits,* *faits & injures* dont M. le Maréchal s'eſt rendu coupable envers elle. Cette dénonciation a été faite par *M. LE VICOMTE DE CASTELLANE* & *M. LE MARQUIS DE SIMIANE*, tant en leurs noms que comme fondés des procurations de,

Fils & Fille.

M. DE FAURIS DE SAINT VINCENT.
Madame DE FAURIS DE SAINT VINCENT, Marquiſe de Perrier.

Frere & Sœur.

M. le Comte DE VILLENEUVE DE VENCE, Maréchal des camps & armées du Roi.
Madame DE VILLENEUVE DE VENCE, Marquiſe de Villeneuve Flayoſc.

Belle-Sœur, Beau-Frere & Gendre.

Madame DE LA ROCHEFOUCAULT SURGERE, Comteſſe de Vence.
M. le Marquis DE VILLENEUVE FLAYOSC.
M. le Marquis DE PERRIER, Conſeiller au Parlement d'Aix.

Neveux & Nieces.

M. le Comte DE VILLENEUVE FLAYOSC.
M. le Chevalier DE VILLENEUVE.
M. le Comte DE VILLENEUVE.
Madame DE VENCE, Comteſſe de Bardonenche.
Madame DE VILLENEUVE, Comteſſe de Villegarde.

Oncle maternel.

M. le Marquis DE CASTELLANE, Gouverneur des Iſles de Sainte-Marguerite, Maréchal des camps & armées du Roi.

P

Coufins & Alliés.

M. le Vicomte DE CASTELLANE. \
M. le Marquis de SIMIANE. } *Chargés des procurations.*

M. le Marquis DE GRIMALDY, fecond Préfident à Mortier au Parlement de Provence.	M. le Chevalier DE VILLE-NEUVE FLAYOSC. M. le Chevalier DE VILLE-NEUVE TRANS. M. le Marquis DE VILLENEUVE BEAUREGARD.
	Mme DE VILLENEUVE TRANS, Marquife de Beauregard.
M. DE CORIOLIS, Marquis d'Ef-pinoufe, Préfident à Mortier au Parlement de Provence.	Mlle DE VILLENEUVE BEAU-REGARD. Mlle DE VILLENEUVE BEAU-REGARD. Mlle DE VILLENEUVE BEAU-REGARD.
M. D'ARPAUD DE JOUQUES, Préfident à Mortier au Par-lement de Provence.	M. le Comte DE VILLENEUVE ESCLAPON.
M. DE FORTIS, Préfident à Mortier au Parlement de Pro-vence.	M. l'Abbé DE VILLENEUVE ESCLAPON. M. l'Abbé D'ESCLAPON. M. l'Abbé DE VILLENEUVE.
M. DE CASTILLON, premier Avocat & Procureur Géné-ral au Parlement de Pro-vence.	M. DE CASTELLANE, Brigadier & Capitaine des vaiffeaux du Roi. M. l'Abbé DE CASTELLANE ADHEMAR.

M. DE MONS VILLENEUVE, Avocat Général au Parlement de Provence.

M. DE MONS VILLENEUVE, Conseiller au Parlement de Provence.

M. DE BEAUVAL, Conseiller au Parlement de Provence.

M. DE MEYRONET, Conseiller au Parlement de Provence.

M. DE MEYRONET DE SAINT MARC, Conseiller au Parlement de Provence.

Mme DE CASTELLANE, Comtesse de Savines.

M. le Vicomte DE VIBRAYE.

M. le Marquis DE MARIGNANE, Gouverneur des îles d'Or, &c.

M. le Marquis DU PERRIER.

M. le Marquis DU PUGET.

M. le Marquis DE SIMIANE ESPARRON.

M. le Comte DE SIMIANE.

M. le Chevalier D'ESPINOUSE.

M. le Marquis DE BEAUVAL, Lieutenant des vaisseaux du Roi.

M. le Marquis DE FLOTTE D'AGOULT.

Mlle DE FLOTTE D'AGOULT.

Mlle DE FLOTTE SEILLANS.

M. le Marquis DE BANDOL.

M. le Chevalier DE FORBIN GARDANNE.

M. le Marquis DE FORBIN.

M. le Marquis DE SUAREZ D'AULAN.

A PARIS, chez P. G. SIMON, Imprimeur du Parlement, rue Mignon Saint André-des-Arcs, 1775.